Werner Siepe

Meine Immobilie erfolgreich **verkaufen**

Inhaltsverzeichnis

Meine Immobilie erfolgreich verkaufen

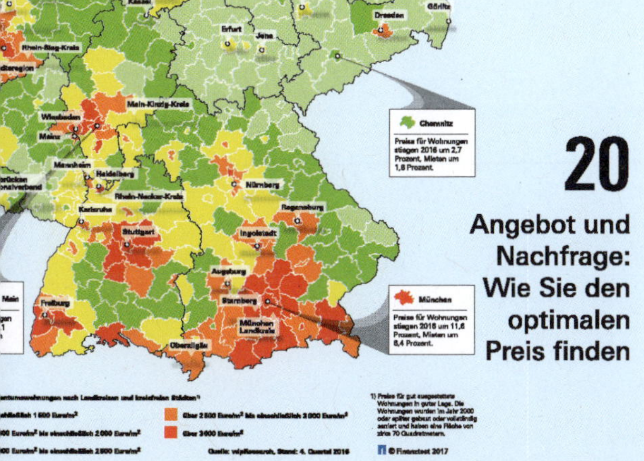

Was wollen Sie wissen?

Alle reden über den Kauf von Immobilien. Auch auf der Party sind die gestiegenen Immobilienpreise und niedrigen Hypothekenzinsen ein Thema. Es wird heftig diskutiert, ob es sich gerade jetzt lohnt, ein Haus oder eine Wohnung zu erwerben. Vom Verkauf ist nur selten die Rede. Darüber spricht man eher nur hinter vorgehaltener Hand.

Lohnt es sich denn rein wirtschaftlich, eine eigene Immobilie jetzt zu verkaufen?

Diese Frage aller Fragen lässt sich selten mit einem klaren „JA" oder „NEIN" beantworten. Die meisten Immobilienbesitzer verkaufen bei steigenden Preisen und historisch niedrigen Zinsen noch nicht. Sie warten ab, halten ihre Immobilie und finanzieren sie, falls notwendig, weiter zu Tiefstzinsen.

Angesichts der rekordtiefen Zinsen für Tages- und Festgelder oder Bundesanleihen stellen Sie sich sicherlich auch die Frage: „Was mache ich mit dem Geld nach dem Verkauf meiner Immobilie?"

In der Tat macht es beispielsweise wenig Sinn, eine gut vermietete Immobilie mit einer Mietrendite von 5 Prozent zu verkaufen und den Verkaufserlös abzüglich eventueller Restschulden dann zu 2 Prozent Zins in Festgeld anzulegen.

Hinzu kommt noch ein weiterer Punkt. Wenn immer mehr Leute ihr Geld in Immobilien anlegen wollen, steigt die Nachfrage weiter an und die Immobilienpreise steigen ebenso weiter. Wann ist also der beste Zeitpunkt erreicht?

Die Medien spekulieren auf weiter steigende Preise. Liegen sie damit richtig?

Wenn sogar die Massenmedien den Immobilienerwerb zu Niedrigzinsen empfehlen, geht der Run auf Häuser und Wohnungen weiter. Typisch hierfür ist der „Bild-Zeitungs-Indikator", wie er schon bei Wikipedia beschrieben ist: Als die Bild-Zeitung Anfang 2000 mit der Schlagzeile „Werden wir jetzt alle reich?" für den Einstieg in Aktien warb, war dies für Käufer schon fast zu spät und für Verkäufer von Aktien genau der richtige Zeitpunkt. Bereits im März 2000 stürzten die Aktienkurse aber in die Tiefe. Im Februar 2015 hieß es dann auf dem Titel der Bild: „Wie viel Haus kann ich mir ohne eigenes Geld leisten?" Das könnte wie schon vor 15 Jahren noch eine Trendwende auf dem Immobilienmarkt einleiten. Bevor aber vor allem in den Ballungsgebieten eine Immobilienblase platzt, sollten Sie als Haus- und Grundbesitzer dem zuvorkommen.

Und wenn ich meine Immobilie aus persönlichen Gründen verkaufen muss?

Es gibt zwingende Gründe für einen Verkauf. Beispielsweise eine Scheidung, bei der einer der beiden Ex-Ehegatten aus dem bisher gemeinsam bewohnten Einfamilienhaus auszieht. Eine eigene schwere Erkrankung oder der Tod des geliebten Partners kann ebenfalls zum Verkauf des Hauses oder der Eigentumswohnung zwingen.

Vor allem sind es aber Altersgründe, die einen Immobilienverkauf sinnvoll erscheinen lassen. Man will aus dem viel zu großen Einfamilienhaus mit noch größerem Garten ausziehen und eine stadtnahe kleinere Eigentumswohnung erwerben. Möglicherweise steht sogar der freiwillige oder aus gesundheitlichen Gründen erzwungene Umzug in ein Senioren- oder Pflegeheim bevor.

Wie gehe ich beim Verkauf meiner Immobilie denn überhaupt vor?

Unabhängig von Ihren tatsächlichen Verkaufsgründen wollen Sie wissen: Soll ich den Verkauf selbst in die Hand nehmen oder einen Makler damit beauftragen? Was muss ich beim Kaufvertrag beachten, wenn ich einen Käufer gefunden habe? Welche steuerlichen und finanziellen Folgen hat der Verkauf für mich? Was gibt es für Besonderheiten beim Verkauf einer vermieteten Eigentumswohnung oder eines Wohn- und Geschäftshauses?

Was tun, wenn ich selbst direkt an privat verkaufen will?

Im ersten Kapitel geht es um den Sieben-Punkte-Plan für Immobilienbesitzer, die sich den Verkauf „provisionsfrei von privat an privat“ selbst zutrauen. Ein Immobilienverkauf ohne Plan kann Sie richtig Geld kosten. Daher sollten Sie als Privatverkäufer mit einem durchdachten Plan den Verkaufsablauf steuern.

Es geht dabei um das Zusammenstellen aller für den Verkauf notwendigen Unterlagen und die Ermittlung eines marktgerechten Angebotspreises. Anschließend wird ein Exposé erstellt und im Internet oder in der Tageszeitung ein konkretes Kaufangebot unterbreitet. Kaufinteressenten werden zur Besichtigung eingeladen. Kaufpreisverhandlungen und konkrete Abschlussgespräche sind das Salz in der Suppe der Selbstvermarktung. Handeln Sie kundenorientiert und lassen Sie Ihre Immobilie kaufen. Zeitlichen oder sonstigen Druck auf mögliche Käufer auszuüben, wird nicht zum Erfolg führen.

Wenn Sie sich mit Ihrem Kaufinteressenten über alle Details einig sind, ist der notariell beurkundete Kaufvertrag die vorläufige Endstation. Endgültig ist der Verkauf aber erst, wenn der vereinbarte Verkaufspreis auf Ihr Konto überwiesen wurde und der neue Eigentümer Ihre Immobilie in Besitz genommen hat.

Was muss ich beim Verkauf über einen Makler beachten?

Wenn Sie weder Zeit noch Lust zum Privatverkauf haben, werden Sie die Hilfe eines seriösen Maklers benötigen. Daher wird im zweiten Kapitel gezeigt, was Sie beim Verkauf von Haus oder Wohnung über einen Makler beachten sollten. Dabei geht es nicht nur um die Höhe der Maklerprovision, sondern vor allem um die fachliche Qualität und praktische Erfahrung des Immobilienmaklers. Sie werden bei Einschaltung eines guten und seriösen Maklers entlastet und können sich auf die von Ihnen allein zu treffenden Entscheidungen wie die Auswahl des Käufers aus mehreren Kaufinteressenten konzentrieren.

Was muss ich beim Verkauf meiner Immobilie noch beachten?

Die oftmals komplizierten rechtlichen, steuerlichen und finanziellen Fragen im Zusammenhang mit dem Immobilienverkauf werden im dritten Kapitel beantwortet. Wenn Haus oder Wohnung nicht Ihnen allein gehören, benötigen Sie die Einwilligung Ihres Miteigentümers. Beim Verkauf Ihrer Eigentumswohnung müssen Sie meist noch die Genehmigung des Hausverwalters einholen, was in aller Regel aber eine Formsache ist. Sofern Ihre Eigentumswohnung vermietet ist, tritt der Käufer in die Rechte und Pflichten aus dem Mietvertrag nach dem Grundsatz „Kauf bricht nicht Miete" ein. Steuerliche Probleme beim Verkauf Ihrer Immobilie können Sie vermeiden, wenn zwischen Kauf und Verkauf mehr als zehn Jahre liegen. Sind diese Voraussetzungen gegeben, können Sie den ersehnten Veräußerungsgewinn steuerfrei genießen. Falls Ihre Immobilie bereits schuldenfrei ist, entstehen keine finanziellen Probleme. Noch verbleibende Restschulden werden zwar durch den höheren Veräußerungserlös ausgeglichen. Allerdings wird ein Verkauf vor Ablauf der Zinsbindungsfrist in aller Regel die Zahlung einer Vorfälligkeitsentschädigung nach sich ziehen.

Sieben-Punkte-Plan für den Privatverkauf

Wenn Sie Ihre Immobilie selbst und ohne Einschaltung eines Immobilienmaklers verkaufen wollen, kommt eine Menge Arbeit auf Sie zu. Den Zeitaufwand für die Selbstvermarktung sollten Sie nicht unterschätzen.

In boomenden Großstädten und Ballungszentren sind die Bedingungen für Verkäufer günstig. Sie treffen auf eine große Nachfrage. Vor allem in ländlichen Regionen und Gebieten mit schrumpfender Bevölkerung kann der Verkauf des geliebten Eigenheims aber auch schwierig werden und letztlich manchen ungeliebten Kompromiss notwendig machen.

Aber auch wenn Sie ein schickes Haus mit Garten oder eine frisch renovierte Altbauwohnung in einer begehrten Lage anbieten, kann sich die Zeit bis zum erfolgreichen Vertragsabschluss länger hinziehen, als Sie es anfangs vermuten. Schließlich geht es für die Käufer dabei meist um eine der größten Investitionen ihres Lebens. Geduld und Ausdauer brauchen Sie, um nicht bei den ersten erfolglosen Verkaufsversuchen oder Rückschlägen den Mut oder gar die Nerven zu verlieren.

Andererseits kann Sie die Do-it-yourself-Methode zu besonderem Elan anspornen. Manch einem, der seine Verkaufsbemühungen mit Erfolg krönt, macht das „Abenteuer Immobilienverkauf“ sogar richtig Spaß.

Vorbereitung und Unterlagen

Am Anfang steht das Zusammenstellen aller für den Verkauf notwendigen Unterlagen. Dies ist zwar zuweilen mühsam und recht langweilig, aber für den späteren Verkauf unverzichtbar.

Möglicherweise haben Sie bereits alle Unterlagen für das Verkaufsobjekt in einem Aktenordner gesammelt oder sogar eingescannt. Wenn nicht, sollten Sie dies spätestens jetzt nachholen. Nur dann gewinnen Sie einen Überblick über alle Papiere, die Ihr Käufer später für sich selbst und vor allem für die Finanzierung bei seiner Bank benötigt.

Unterlagen für Immobilienverkauf

In der Checkliste rechts sind alle Unterlagen aufgeführt, die Sie schon besitzen oder noch aktuell beschaffen müssen.

Sicherlich werden Sie angesichts dieser Fülle von Unterlagen fragen: Muss dieser ganze Papierkram denn eigentlich sein? Die Antwort lautet: Leider ja, denn nur so haben Sie und der spätere Kaufinteressent einen umfassenden Überblick.

Sie gewinnen im Vergleich zu den meisten anderen Privatanbietern von Häusern und Wohnungen mit einer umfangreichen und gut gegliederten Unterlagenmappe nicht zu unterschätzende Pluspunkte bei Ihren Kaufinteressenten. Diese werden zu Recht erkennen, dass Sie nichts zu verbergen haben und mit offenen Karten spielen.

Ihnen erspart es das Suchen oder Beschaffen von Unterlagen, nach denen Ihre Kaufaspiranten fragen. Außerdem stellen Sie beim Zusammenstellen und Ordnen Ihrer Unterlagen fest, was sich seit Erwerb und jahre- oder jahrzehntelanger Nutzung Ihrer Immobilie alles getan hat. Sie erfahren quasi nachträglich einiges über die Vita Ihres Hauses oder Ihrer Wohnung.

Warum sollten Sie diese „Immobilien-Vita“ ernsthaften Kaufinteressenten vorenthalten? Eine bessere Visitenkarte kann es gar nicht geben. Allerdings sollten Sie gegenüber Interessenten nicht in Erinnerungen schwelgen und mehr oder weniger amüsante Geschichten erzählen.

So schwer es Ihnen vielleicht auch fallen mag: Bleiben Sie sachlich und warten Sie nur mit nachweisbaren Tatsachen auf. Die für potenzielle Käufer wichtigsten Unterlagen beziehen sich auf Lage, technischen Zustand des Gebäudes und Ausstattung der Wohnung.

Anhand eines Auszugs aus dem Stadtplan sowie aufgrund Ihrer eigenen Kenntnisse und Erfahrungen können Sie bei späteren Fragen von Kaufinteressenten auf nahe gelegene Verkehrsverbindungen,Erho-

Checkliste

Für den Verkauf notwendige Unterlagen

Objektunterlagen (O)

- ☐ Lageplan (mit Auszug aus dem Stadtplan)
- ☐ Auszug aus dem Liegenschaftsbuch
- ☐ Abzeichnung der Flurkarte
- ☐ Grundstücksfläche in Quadratmetern (bei Häusern)
- ☐ Art des Objekts: Einfamilienhaus (EFH)/Mehrfamilienhaus/Eigentumswohnung (ETW)/Wohn- und Geschäftshaus/Gewerbeimmobilie
- ☐ Nutzung des Objekts: Selbstnutzung, Vermietung oder Mischung
- ☐ Alter des Objekts: Neubau/Gebrauchtimmobilie (mit Baujahr)
- ☐ Fotos von Haus und/oder Wohnung
- ☐ Bautechnische Unterlagen (Baupläne, -beschreibung, -genehmigung)
- ☐ Erfolgte Modernisierungs- und Energiesparmaßnahmen
- ☐ Bei Häusern: Umbauter Raum in Kubikmetern (mit Berechnung)
- ☐ Reine Wohnfläche in Quadratmetern mit Wohnflächenberechnung
- ☐ Zusätzliche Nutzfläche in Quadratmetern
- ☐ Grundrisszeichnungen für alle Geschosse und Schnitte vom Haus
- ☐ Eventuell: Verkehrswertgutachten

Rechtliche Unterlagen (R)

- ☐ Aktueller beglaubigter Grundbuchauszug
- ☐ Feuerversicherungsnachweis (Police über Wohngebäudeversicherung)
- ☐ Bei ETW: Teilungserklärung mit Aufteilungsplan und Gemeinschaftsordnung
- ☐ Bei ETW: Protokolle der drei letzten Eigentümerversammlungen
- ☐ Bei ETW: Verwaltervertrag
- ☐ Energieausweis (Verbrauchs- oder Bedarfsausweis)
- ☐ Mietvertrag (bei Vermietung)

Wirtschaftliche Unterlagen (W)

- ☐ Aktueller Grundsteuerbescheid
- ☐ Letzte Heiz- und Warmwasserkostenabrechnung
- ☐ Rechnungen über weitere Betriebs- und Nebenkosten
- ☐ Bei ETW: Letzte Verwalterabrechnung
- ☐ Höhe der Instandhaltungsrücklage
- ☐ Rechnungen über Instandhaltungs- und Modernisierungsmaßnahmen
- ☐ Aktuelle Restschulden bei Banken, Bausparkassen, Versicherungen

Außenanlagen
Viele Kaufinteressenten bekommen hier ihren ersten Eindruck vom angebotenen Haus.

lungsgebiete, Geschäfte, Ärztehäuser, Schulen und Kindergärten hinweisen.

Der technische Zustand des Gebäudes kann anhand der Baubeschreibung und des Nachweises bereits erfolgter Modernisierungsarbeiten belegt werden. Von der Ausstattung der Wohnung kann sich jeder Interessent bei der Besichtigung später selbst überzeugen.

Die Lage ist viel wichtiger als die Ausstattung. Der Grund ist denkbar einfach: Man kann die Ausstattung nach seinen eigenen Wünschen verändern, Lage des Grundstücks und Hauses jedoch nicht.

Dass es allerdings auch heutzutage einzig und allein auf die Lage ankomme, wie es der eingängige Spruch „Lage, Lage und nochmals Lage“ suggeriert, ist zweifelhaft. Die richtige Reihenfolge lautet: Erstens die Lage (Standort und Region sowie konkrete Wohn- und Verkehrslage), zweitens der Zustand des Gebäudes (Außenhaut) und drittens die Ausstattung der Wohnung (Innenbereich).

Vorbereitung der Immobilie für den Verkauf

Bloße Unterlagen und Papiere sind bei weitem nicht alles. Zur Vorbereitung auf die Besichtigung von Kaufinteressenten gehört auch die gefällige Präsentation Ihrer Immobilie. Richten Sie diese für die Besichtigung so her, als ob Sie den Besuch Ihres Chefs, Ihrer guten Freunde oder liebsten Verwandten erwarten würden. Auf diese Weise machen Sie Ihr Haus oder Ihre Wohnung am besten verkaufsfertig.

Meist sind nur einige kleinere Arbeiten zu erledigen, um den Blick auf Haus, Garten und Wohnung zu erhellen. Auf größere Renovierungsarbeiten sollten Sie verzichten, denn Ihr Geschmack wird mit dem Geschmack der Kaufinteressenten nur selten übereinstimmen. Außerdem wird der Käufer die Ihnen entstandenen Kosten nicht durch einen höheren Kaufpreis honorieren wollen.

Kleinere Mängel wie tropfende Wasserhähne, klemmende Fenster, quietschende Türen oder gerissene Rollladengurte sollten Sie auf jeden Fall beheben, auch wenn eine

Checkliste

Für eine überzeugende Präsentation

Kreuzen Sie hier Punkt für Punkt an, was Sie schon erledigt haben:

- ☐ Vorgarten gepflegt?
- ☐ Im Garten (auch hinter dem Haus) Unkraut beseitigt?
- ☐ Bäume, Sträucher und Hecken geschnitten?
- ☐ Rasen gemäht?
- ☐ Gartenzäune repariert?
- ☐ Terrasse sauber und gepflegt?
- ☐ Garage von Überflüssigem geräumt?
- ☐ Hausfassade sauber?
- ☐ Löcher oder Risse beseitigt?
- ☐ Außenbeleuchtung okay?
- ☐ Hausnummer gut sichtbar?
- ☐ Klingelanlage funktioniert?
- ☐ Dachrinnen gereinigt?
- ☐ Zimmer aufgeräumt?
- ☐ Fensterscheiben sauber geputzt?
- ☐ Rollläden funktionstüchtig?
- ☐ Balkon mit bepflanzten Blumenkästen?
- ☐ Sonnenjalousie unbeschädigt und sauber?
- ☐ Kellerräume unbeschädigt?
- ☐ Kellergeschoss sauber und aufgeräumt?
- ☐ Heizung und Leitungsrohre unbeschädigt?
- ☐ Fußbodenbeläge in Wohnräumen inklusive Bad und Gäste-WC gut gepflegt und sauber?
- ☐ Sanitärobjekte alle funktionstüchtig?
- ☐ Schalter, Lampen und Steckdosen okay?
- ☐ Beleuchtung hell genug?
- ☐ Wände und Decken vor Kurzem gestrichen?
- ☐ Treppengeländer und -stufen okay?
- ☐ Überflüssiges über Sperrmüll entrümpelt?
- ☐ Räume richtig durchgelüftet?

Noch bewohnt
Räume sollten sauber und frei von persönlichen Gegenständen präsentiert werden.

Besichtigung durch Kaufinteressenten noch gar nicht ansteht.

Zugegeben: Die Auflistung von möglichen Restarbeiten in der Checkliste auf Seite 15 bezieht sich in erster Linie auf Ihr Einfamilienhaus, das Sie künftigen Bewohnern zeigen wollen. Bei den Arbeiten innerhalb der Wohnung trifft einiges aus der Liste aber auch auf Eigentumswohnungen zu.

Diese Checkliste über Vor- oder Restarbeiten mag Ihnen vielleicht zu penibel oder pingelig erscheinen und auf den ersten Blick auch eher unwichtige Details (zum Beispiel Dachrinnenreinigung oder aufgeräumte Kellerräume) enthalten. Sie wissen aber im Vorfeld ja nicht, auf welche Details Ihre Kaufinteressenten besonders achten werden.

Vor allem eine top gepflegte Außenanlage macht immer einen guten Eindruck. Oft geht der Kaufinteressent schon vor dem vereinbarten Besichtigungstermin einmal um das Haus und bildet sich anhand der Außenbesichtigung eine erste Meinung. Und ist der erste Eindruck von Außenanlage, Haus oder Wohnung erst einmal negativ ausgefallen, wird ein Verkauf für den Haus- und Grundbesitzer nicht leicht sein. Ein gepflegtes Haus von einem „gepflegten" Eigentümer präsentiert – darauf kommt es an. Ihre persönlichen Gepflogenheiten können und sollten Sie nicht ändern, aber Ihr Haus oder Ihre Wohnung in einem bestimmten Rahmen schon.

Mit „Blenden" oder gar Täuschen hat das nichts zu tun, sondern mit Menschenkenntnis und angewandter Psychologie.

Was ist aber, wenn Ihre Immobilie nach Auszug unbewohnt ist und Sie erst dann Haus oder Wohnung präsentieren wollen? Ganz sicher hinterlassen leere Räume keinen guten Eindruck.

Sie können diese Zweifel ausräumen, indem Sie Ihre selbstbewohnte Immobilie bereits zwei bis drei Monate vor Ihrem geplanten Auszug den Kaufinteressenten präsentieren, allerdings vorbereitet, wie es das Beispiel aus der Küche (oben) zeigt.

Eine andere Variante besteht darin, Haus oder Wohnung von spezialisierten Unternehmen geschmackvoll einrichten zu lassen (Home Staging, siehe rechte Seite).

Ausgeräumt?
Die helle, attraktive Möblierung lässt den Raum sofort viel freundlicher erscheinen.

→ Home Staging ist seit einiger Zeit auf dem Vormarsch.

Home Staging – so wird das professionelle Herrichten von Immobilien für den Verkauf genannt. Dabei wird das Haus oder die Wohnung nach verkaufsfördernden Gesichtspunkten umgestaltet und so präsentiert, dass sich möglichst viele potenzielle Käufer angesprochen fühlen – wie bei einer ansprechenden Schaufenstergestaltung oder der besonders vorteilhaften Präsentation eines auf Hochglanz polierten Gebrauchtwagens.

Steht die Immobilie bereits leer, wird sie für den Verkaufszeitraum mit Möbeln und Dekorationen eingerichtet, um Raumproportionen zu verdeutlichen und eine behagliche Wohnatmosphäre zu schaffen. In bewohnten Immobilien kann durch Aufräumen, Packen und Optimieren des Wohnraums die Persönlichkeit des Besitzers so reduziert werden, dass der Interessent gedanklichen Freiraum bekommt, sich selber in der Immobilie zu sehen.

Die Kosten für eine komplette Home-Staging-Einrichtung sind abhängig von Größe und Zustand der Immobilie als auch von der Dauer der Maßnahme. Sie liegen in der Regel zwischen 1 und 3 % des Verkaufspreises. Studien aus dem In- und Ausland sowie zahlreiche Erfahrungsberichte von Verkäufern in Deutschland belegen, dass sich Immobilien mit Home Staging sehr viel schneller verkaufen und einen um bis zu 15 % höheren Verkaufspreis erzielen. Zum Beispiel wurde eine zunächst für 199 000 Euro angebotene und sechs Monate leerstehende Wohnung nach Home Staging für 229 000 Euro verkauft. Weitere Informationen zu Home Staging und ein bundesweites Anbieterverzeichnis sind beim offiziellen Berufsverband, der Deutschen Gesellschaft für Home Staging und Redesign erhältlich (www.dghr-info.de).

Bewertung und Preisfindung

„Der Preis ist heiß" – so hieß eine beliebte TV-Quizshow in den 1990er Jahren, die fast 2000-mal ausgestrahlt wurde.

An diese „Show der fantastischen Preise" fühlt man sich fast erinnert, wenn man sich die zuletzt stark gestiegenen Immobilienpreise in den Ballungsgebieten von München, Stuttgart, Frankfurt, Köln, Düsseldorf, Hamburg und Berlin anschaut. Diese „Top 7 der Immobilienstädte" vermittelt aber ein schiefes Bild von der Preissituation in ganz Deutschland. Am Ballungsrand von Großstädten stiegen die Immobilienpreise moderater, und in ländlichen Regionen stagnierten sie oder gingen sogar zurück.

Falsche, weil weit überzogene Preisvorstellungen sind das größte Verkaufshindernis. Viele geplante Privatverkäufe scheitern an einer rein subjektbezogenen Sicht über den Preis. Der eine Verkäufer will einen ansehnlichen Veräußerungsgewinn einstreichen und deutlich mehr bekommen, als er vor einigen Jahren selbst bezahlt hat. Ein anderer, der aus finanziellen Gründen zum Verkauf gezwungen ist, will zumindest die Einstandskosten beim Bau oder Kauf wiederbekommen, um keinen Verlust zu erleiden.

Das Argument „Ich habe vor 20 Jahren umgerechnet 200000 Euro bezahlt und will heute auf jeden Fall wieder so viel zurückhaben" ist zwar häufig zu hören, aber völlig fehl am Platz. Den Kaufinteressenten ist es letztlich egal, wie viel die angebotene Immobilie damals gekostet hat.

Subjektive Preisvorstellungen des Verkäufers stimmen nur ganz selten oder nur rein zufällig mit den objektiven Marktgegebenheiten überein. Je objektiver Sie den ortsüblichen Marktpreis für Ihre Immobilie ermitteln, desto geringer ist die Gefahr, dass Sie mit Ihrer Preisvorstellung danebenliegen.

Wie viel Geld ein Nachbar beim Verkauf eines vergleichbaren Reihenhauses oder einer gleichwertigen Eigentumswohnung erhalten hat, ist zwar ein möglicher Anhaltspunkt für den von Ihnen geforderten Preis. Mehr aber auch nicht.

Die richtige Frage lautet daher: „Was ist mein Haus heute wert" beziehungsweise „Was ist meine Eigentumswohnung heute wert?" Entscheidend ist allein, wie viel der richtige Käufer tatsächlich bereit ist zu zahlen. Betrachten Sie den Verkauf und damit auch den Preis für Ihre Immobilie daher immer zunächst aus der Sicht des potenziellen Käufers. Verkaufen Sie Haus oder Wohnung nicht um jeden Preis, sondern lassen Sie Ihre Immobilie kaufen.

Gefühlter Wert?
Für Kaufinteressenten zählt nur die aktuelle Substanz, nicht die Geschichte der Bewohner.

Versuchen Sie einen Positionswechsel und setzen Sie die Brille eines potenziellen Käufers auf. Dies dürfte Ihnen eigentlich nicht schwerfallen, da Sie Ihre Immobilie ja selbst einmal gekauft oder gebaut haben.

Preisrecherche leicht gemacht

Den „ortsüblichen Vergleichspreis" laut anerkanntem Immobilienpreisspiegel gibt es – im Gegensatz zur ortsüblichen Vergleichsmiete laut Mietspiegel – leider nicht. Daher sind Sie darauf angewiesen, auf eigene Faust eine aktuelle Preisrecherche zu starten.

Dies ist viel leichter als gedacht. Nie gab es eine solche Fülle von Preisübersichten wie heute. Zuweilen sehen Sie den Wald vor lauter Bäumen nicht mehr und sind unsicher, auf welche Preisspiegel Sie sich überhaupt verlassen können.

Den Anfang machen Sie am besten mit dem Beitrag „Wann sich Kaufen lohnt" im Finanztest-Heft August 2017, den Sie als erweitertes 29-seitiges PDF online unter www.test.de abrufen können. Hier finden Sie für zahlreiche Städte und Landkreise ausführliche Preisübersichten für Häuser und für Eigentumswohnungen in Abhängigkeit von Lage (sehr gute, gute oder mittlere Lage) und Ausstattung (sehr gute, gute, mittlere oder einfache Ausstattung) nebst durchschnittlicher Preisänderung zum Vorjahr und dem prognostizierten Preistrend für das laufende Jahr (siehe auch S. 21).

Die hier genannten Immobilienpreise stammen von vdp Research, einer Tochter des Verbands deutscher Pfandbriefbanken (vdp). Sie beruhen auf der Auswertung von rund drei Millionen Käufen seit 2003, die Banken mit Krediten finanziert haben. Die Datenbank von vdpResearch enthält also Preise, die wirklich gezahlt wurden.

Dazu ein Praxisbeispiel: Ende des Jahres 2017 stand ein 150 qm großes Reihenhaus (Baujahr 1976) in Düsseldorf zum Verkauf. Der Preis für ein Einfamilienhaus in guter Lage mit mittlerer Ausstattung sollte laut

Finanztest (8/2017) 4060 Euro pro Quadratmeter Wohnfläche betragen, insgesamt also 609000 Euro. Angeboten wurde das Haus für 620000 Euro und schließlich verkauft für 600000 Euro, also ein Volltreffer in puncto Preisfindung. Selbstverständlich sollten Sie auch weitere Preisquellen anzapfen, die zum Teil sogar kostenlos sind oder nur einen zweistelligen Eurobetrag kosten.

Preisfinder

Insgesamt sieben Preisquellen stehen Ihnen zur Verfügung:

1. **Heft August 2017** von Finanztest beziehungsweise erweitertes 29-seitiges PDF „Immobilien: Kaufen oder mieten?“ bei www.test.de in Zusammenarbeit mit vdp Research
2. **Immobilienpreisspiegel** des Maklerverbands IVD (Immobilienverband Deutschland) mit jährlichem Wohn-Preisspiegel, des Analysehauses BulwienGesa, der Immobilienberatungsgesellschaft Empirica, der LBS oder der LEG-Wohnungsmarktreport für Nordrhein-Westfalen
3. **Preis- und Mietspiegel** in Zeitschriften (Finanztest, Wirtschaftswoche, Capital, Cash, Focus)
4. **Kaufpreissammlungen,** Bodenrichtwerte und Marktrichtwertkarten der örtlichen Gutachterausschüsse
5. **Kaufpreise für vergleichbare Objekte** in den Internetportalen ImmobilienScout24, Immowelt und Immonet
6. **Kostenpflichtige Schnellbewertung** bei ImmobilienScout und anderen Internetportalen
7. **Verkehrswertgutachten** eines öffentlich bestellten und vereidigten Sachverständigen.

Für einen Preisvergleich auf dem örtlichen Immobilienmarkt eignen sich vor allem Kaufpreissammlungen, Bodenrichtwerte und Marktrichtwertkarten der örtlichen Gutachterausschüsse, über die Sie beispielsweise in Nordrhein-Westfalen das Internetportal www.boris.nrw.de näher informiert.

Noch besser ist oft eine detaillierte Preisrecherche anhand der Kaufangebote im Internet beim Marktführer ImmobilienScout24. Geben Sie einfach die Anschrift Ihrer Immobilie ein und tun Sie so, als ob Sie eine bestimmte Immobilie (zum Beispiel Einfamilienhaus oder Eigentumswohnung) mit ganz bestimmten Vorstellungen (zum Beispiel Wohnfläche 80 bis 120 Quadratmeter und Preis bis 250000 Euro) im Umkreis von beispielsweise 5 Kilometern suchen würden.

Sie werden erstaunt sein, wie viele Angebote insbesondere in gesuchten Regionen zu finden sind. Möglicherweise kennen Sie sogar das eine oder andere Haus anhand der Fotos oder der Lagebeschreibung. In eher seltenen Fällen wird auch die genaue Adresse angegeben, was allerdings nur bei Angeboten „provisionsfrei von privat an privat“ vorkommt.

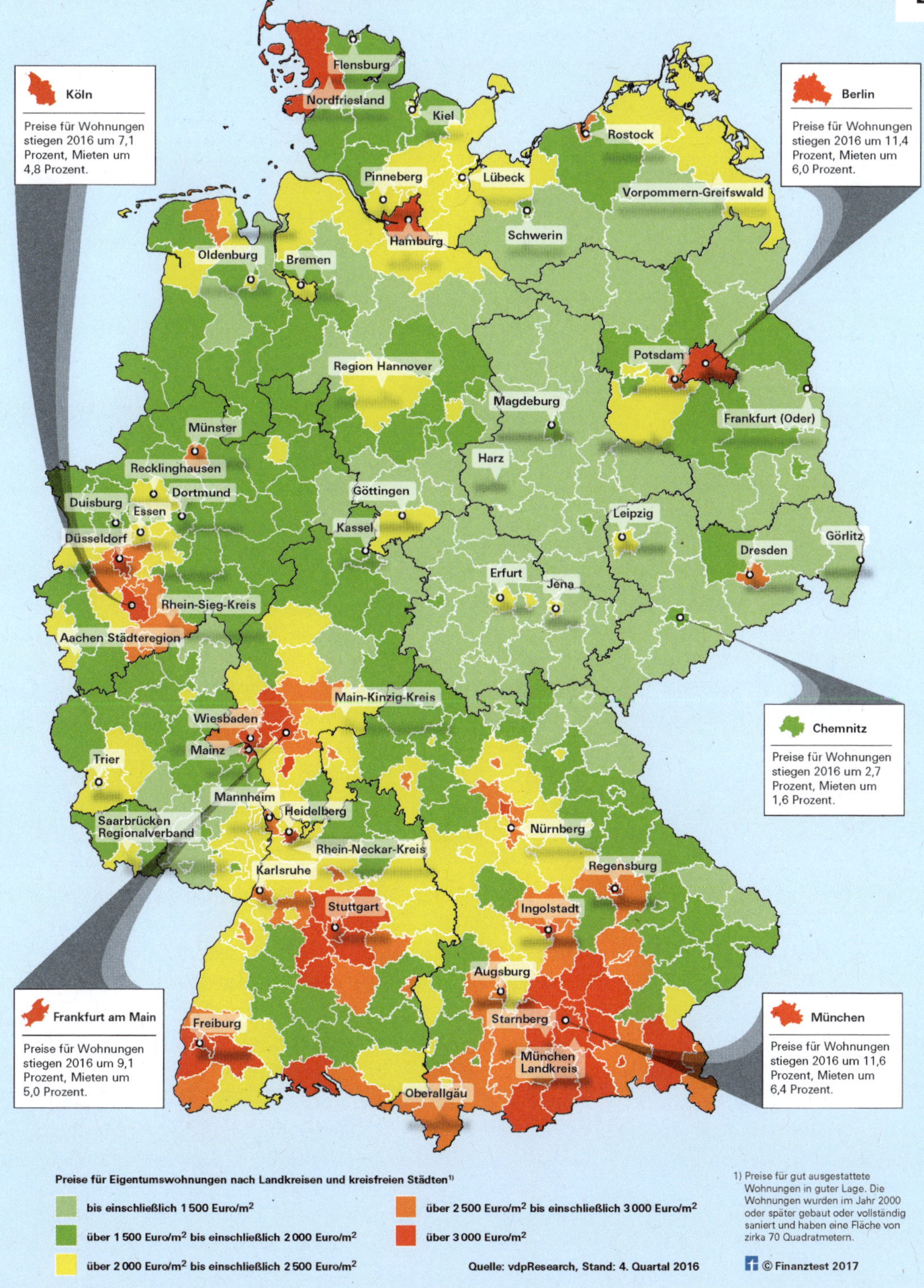

Köln
Preise für Wohnungen stiegen 2016 um 7,1 Prozent, Mieten um 4,8 Prozent.
Berlin
Preise für Wohnungen stiegen 2016 um 11,4 Prozent, Mieten um 6,0 Prozent.
Chemnitz
Preise für Wohnungen stiegen 2016 um 2,7 Prozent, Mieten um 1,6 Prozent.
Frankfurt am Main
Preise für Wohnungen stiegen 2016 um 9,1 Prozent, Mieten um 5,0 Prozent.
München
Preise für Wohnungen stiegen 2016 um 11,6 Prozent, Mieten um 6,4 Prozent.
Flensburg
Nordfriesland
Kiel
Rostock
Pinneberg
Lübeck
Vorpommern-Greifswald
Hamburg
Schwerin
Oldenburg
Bremen
Potsdam
Region Hannover
Magdeburg
Frankfurt (Oder)
Münster
Harz
Recklinghausen
Dortmund
Göttingen
Duisburg
Essen
Kassel
Leipzig
Düsseldorf
Görlitz
Dresden
Erfurt
Jena
Rhein-Sieg-Kreis
Aachen Städteregion
Main-Kinzig-Kreis
Wiesbaden
Mainz
Trier
Mannheim
Heidelberg
Nürnberg
Saarbrücken Regionalverband
Rhein-Neckar-Kreis
Regensburg
Karlsruhe
Stuttgart
Ingolstadt
Augsburg
Starnberg
Freiburg
München Landkreis
Oberallgäu
Preise für Eigentumswohnungen nach Landkreisen und kreisfreien Städten[1)]
bis einschließlich 1 500 Euro/m²
über 1 500 Euro/m² bis einschließlich 2 000 Euro/m²
über 2 000 Euro/m² bis einschließlich 2 500 Euro/m²
über 2 500 Euro/m² bis einschließlich 3 000 Euro/m²
über 3 000 Euro/m²
Quelle: vdpResearch, Stand: 4. Quartal 2016
1) Preise für gut ausgestattete Wohnungen in guter Lage. Die Wohnungen wurden im Jahr 2000 oder später gebaut oder vollständig saniert und haben eine Fläche von zirka 70 Quadratmetern.
© Finanztest 2017

Riesige Preisunterschiede je nach Makrolage

Bei Immobilien kommt es auf drei Dinge an: erstens die Lage, zweitens die Lage und drittens die Lage. Dieser unter Maklern beliebte Spruch bedarf einer Erklärung, damit er nicht missverstanden wird. „Das Gefährlichste an den Halbwahrheiten ist, dass fast immer an die falsche Hälfte geglaubt wird", meinte schon der bayerische Heimatdichter Hans Krailsheimer.

Falsch ist, dass es ausschließlich auf die Lage ankommt. Neben der Lage sind bei der Ermittlung eines marktgerechten Preises mindestens noch folgende Kriterien zu beachten:

- **Objektart:** freistehendes Einfamilienhaus, Reihenhaus, Doppelhaushälfte, Eigentumswohnung, Mietwohnhaus, Wohn- und Geschäftshaus oder Gewerbeimmobilie
- **Nutzungsart:** Selbstnutzung, Vermietung oder Mischnutzung
- **Größe:** Grundstücksfläche und Wohnfläche
- **Äußerer Zustand des Gebäudes:** Baujahr, Bauqualität, evtl. Baumängel oder Bauschäden und durchgeführte Modernisierungen
- **Raumaufteilung und Ausstattung:** Grundrisslösung, moderne oder veraltete Ausstattung, Extras wie Balkon zum Garten oder zusätzliches Gäste-WC.

Es ist richtig, dass die Lage der Immobilie eine überragende Rolle bei der Preisfindung spielt. Damit ist aber nicht allein der regionale Standort (die Makrolage) gemeint, sondern auch die Wohn- und Verkehrslage innerhalb einer Region oder Stadt (die Mikrolage).

Die Immobilienpreise hängen vor allem von der Makrolage ab. Häuser und Wohnungen in München, Stuttgart, Frankfurt, Köln, Düsseldorf, Hamburg und Berlin sind am teuersten. Aber auch Immobilien in Mittel- und Kleinstädten am Rande dieser top sieben, also am Ballungsrand, haben beim Preis deutlich nachgezogen.

Ganz anders sieht es in Kleinstädten und Dörfern auf dem flachen Land aus. Dort sind die Immobilienpreise oft gar nicht gestiegen, sondern sind gleich geblieben oder sogar gesunken.

Innerhalb der Städte (Makrolage) kann nach guter, mittlerer und einfacher Lage (Mikrolage) unterschieden werden. Diese Lage innerhalb eines Ortes kennt jeder Haus- und Wohnungseigentümer, der dort schon seit längerem wohnt, am besten. Doch auch jeder Kaufinteressent kann die Mikrolage leicht durch eine eingehende Ortsbegehung erkunden. Zu achten ist auf die Wohn- und Verkehrslage der Immobilie sowie das Vorhandensein von speziellen Einrichtungen in der unmittelbaren Nähe.

Die Infrastruktur rund um Haus oder Wohnung lässt sich anhand der folgenden Kriterien analysieren:

- Verkehrsanbindung (zum Beispiel S-Bahn-Nähe)
- Einkaufsmöglichkeiten (insbesondere Läden für den täglichen Bedarf)
- Erholungsmöglichkeiten (Grünanlagen und Wald, Sport- und Kinderspielplätze)
- Schulen und Kindergärten (Grundschulen und weiterführende Schulen, Kitas und Kindergärten)
- Ärztliche Versorgung (Ärztehaus, Allgemeinarzt, Kinderarzt, Apotheke, Krankenhaus)
- Öffentliche Einrichtungen (Rathaus mit Ämtern).

Falsche Kompromisse bei der Wohn- und Verkehrslage wollen auch Ihre Kaufinteressenten nur ungern eingehen. Daher sollten Sie möglichst ein Haus oder eine Wohnung in mittlerer oder gar guter Wohnlage anbieten. Der örtliche Mietspiegel zählt beispielsweise „dicht bebaute Wohnviertel ohne besondere Vor- und Nachteile innerhalb des städtischen Bereichs“ zur normalen Wohnlage.

Eine gute Wohn- und Verkehrslage wird beispielsweise folgendermaßen erklärt: „Gute Wohnlagen weisen eine aufgelockerte Bebauung mit Vorgärten oder eine Bepflanzung im beruhigten, öffentlichen Verkehrsbereich ohne wohnbeeinträchtigende Einrichtungen aus. Die Verbindung zur Innenstadt mit öffentlichen Verkehrsmitteln ist günstig. Es herrscht im Wesentlichen Anliegerverkehr“.

Die beste Wohn- und Verkehrslage kann aber den Nachteil eines nicht begehrten Standorts und einer von der Makrolage her ungünstigen Region nicht wettmachen.

In ländlichen Regionen und Kleinstädten mit Bevölkerungsrückgang gehen die Preise für freistehende Einfamilienhäuser trotz Immobilienbooms sogar zurück. Die ungünstige Lage (zum Beispiel am Rande des Ruhrgebiets, im Westharz oder in der Oberlausitz in Sachsen), das meist zu große Grundstück (durchschnittlich 850 qm Grundstücksfläche laut Dekra Real Estate Expertise GmbH) sowie das Baualter (oft in den 1970er bis 1990er Jahren gebaut) schrecken Kaufinteressenten ab und lassen die Preise abbröckeln in Richtung 120 000 Euro oder noch weniger.

Insbesondere ältere Eigenheimbesitzer, die ihr geliebtes Einfamilienhaus aus Alters- oder Gesundheitsgründen verkaufen wollen oder gar müssen, finden nur schwer Käufer. Der einst in jungen Jahren verwirklichte Traum vom Eigenheim kann sich insbesondere im hohen Alter als Albtraum erweisen. Die Pflege des viel zu großen Hauses und Grundstücks ist nur schwer oder gar nicht mehr mit eigener Hände Arbeit zu leisten. Hinzu kommen die laufenden Instandhaltungskosten, um das Eigenheim in Schuss zu halten.

Eine Alternative könnte darin bestehen, das schuldenfreie Haus gegen lebenslanges Wohnrecht und eine Zusatzrente zu verkaufen. Man bleibt also im Eigenheim bis ans

Eigenheimrente
Wo es keine Erben gibt, kann die Variante „Lebenslanges Wohnrecht und Zusatzrente" für die Sicherung des Einkommens interessant sein.

Lebensende wohnen und bekommt dafür noch eine zusätzliche „Eigenheimrente". Gibt es denn so etwas?

Was auf den ersten Blick so gut klingt, ist in der Praxis nicht so leicht umzusetzen. Immobilieneigentümer, die ihr geliebtes und mittlerweile schuldenfreies Eigenheim weiterhin selbst nutzen wollen, müssen zum Verkauf auch bereit sein. Der Käufer wird dann neuer rechtlicher Eigentümer, während sich für den Selbstnutzer aus wirtschaftlicher Sicht nichts ändert. Er bleibt ja in den eignen vier Wänden wohnen und erhält zusätzlich noch eine monatliche Leibrente. Beides – lebenslanges Wohnungsrecht und lebenslange Rente – werden im Grundbuch rechtlich abgesichert.

Letztlich handelt es sich um eine Kombination aus miet- und schuldenfreiem Wohnen mit lebenslanger Rente. Da private Käufer dafür kaum infrage kommen, bleiben nur professionelle und seriöse Anbieter übrig.

Bewertung durch Gutachter

„Heutzutage kennen die Leute vor allem den Preis und nicht den Wert", sagte Oscar Wilde (1854 bis 1900) schon vor über 100 Jahren. Preis und Wert sind also nicht dasselbe. Bevor Sie aber umgehend ein Bewertungsgutachten bei einem öffentlich bestellten und vereidigten Sachverständigen in Auftrag geben, sollten Sie zunächst die wichtigsten und für Sie verfügbaren Preis-

---

i **Ein lebenslanges Wohnungsrecht mit Zusatzrente** gibt es tatsächlich auf dem Markt. Diese von Spezialinstituten wie Deutsche Leibrenten AG und Stiftung Liebenau angebotene Lösung läuft auch unter dem Namen „Eigenheim-Leibrente". Mit dem Wohnungsrecht und der monatlichen Zusatzrente „verzehrt" der Eigenheimbesitzer so peu à peu sein Haus.

quellen nutzen. Oft gelingt Ihnen damit bereits die Ermittlung eines marktgerechten und ortsüblichen Preises.

Ausführliche Wertgutachten sind nicht jedermanns Sache. Sie kosten den Verkäufer einen vierstelligen Betrag und sind für potenzielle Käufer nur schwer einschätzbar. Leicht kommt bei ihnen auch der Verdacht auf, dass es sich um ein vom Verkäufer in Auftrag gegebenes Gefälligkeitsgutachten handelt.

Wert- beziehungsweise Schätzgutachten sind in der Tat mit gebotener Vorsicht zu genießen. Drei verschiedene Gutachter werden bei ein und derselben Immobilie mit Sicherheit zu drei unterschiedlichen Werten gelangen. Nicht selten weichen niedrigster und höchster Schätzwert je nach Immobilie um fünf- oder gar sechsstellige Beträge beziehungsweise um 20 bis 30 Prozent voneinander ab.

Böse Zungen behaupten zuweilen: „Schätzer sind Schwätzer" oder „Taxen sind Faxen", wobei mit Taxen die Schätzgutachten gemeint sind. Es gilt daher, aussagekräftige Gutachten zu erkennen und auf bloße Papiergutachten ohne eingehende Besichtigung der Immobilien, die von „Schlechtachtern" erstellt werden, zu verzichten. Wie überall, so gibt es auch unter den Gutachtern einige schwarze Schafe.

Wenn Sie als Laie etwas tiefer in die Geheimnisse der Bewertung von Immobilien einsteigen wollen, sollten Sie zwischen vier unterschiedlichen Werten unterscheiden.

Der Wert meines Hauses oder meiner Wohnung

Den absoluten Wert für Haus oder Wohnung gibt es nicht. Je nach Immobilienart wird ein Vergleichs-, Sach-, Ertrags- oder Verkehrswert ermittelt.

- **Vergleichswert** bei Vorliegen von Preisen für vergleichbare Objekte in ausreichender Anzahl
- **Sachwert** insbesondere bei selbstgenutzten Einfamilienhäusern und Eigentumswohnungen
- **Ertragswert** insbesondere bei vermieteten Eigentumswohnungen und Mietwohnhäusern
- **Verkehrswert** aus Vergleichs-, Sach- oder Ertragswert abgeleiteter gewichteter Wert.

Der Vergleichswert lässt sich relativ einfach ermitteln. Man geht vom durchschnittlichen Vergleichspreis in Euro pro Quadratmeter Wohnfläche aus, den der Gutachter aus Kaufpreissammlungen, Marktrichtwertkarten und teilweise sogar aus Internetrecherchen (zum Beispiel bei ImmobilienScout) ableitet.

Anschließend wird dieser Vergleichspreis Quadratmeter mit der Anzahl der Quadratmeter des Objekts (also der Wohnfläche) multipliziert. Das Ergebnis ist der Vergleichswert für die zu bewertende Immobilie. Beispiel: Der Vergleichspreis beträgt 2000 Euro pro qm Wohnfläche x 80 qm Wohnfläche = 160 000 Euro.

HÄTTEN SIE'S GEWUSST?

Unter www.zvg-portal.de können Sie **kostenlos Gutachten einsehen,** die öffentlich bestellte und vereidigte Sachverständige im Auftrag der Amtsgerichte erstellt haben.

Hintergrund ist eine bevorstehende Zwangsversteigerung der dort aufgeführten Immobilien. Die Gerichte können über diesen Weg mehr Bietinteressenten gewinnen und darauf hoffen, dass das Objekt bereits im ersten Versteigerungstermin einen neuen Eigentümer findet.

Für Sie sind solche Gutachten eine gute Möglichkeit, die Bewertung einer Immobilie zu verstehen.

Es liegt auf der Hand, dass sich dieses Vergleichswertverfahren vor allem für Eigentumswohnungen eignet. Bei vergleichbaren Reihenhäusern und Doppelhaushälften stellt der Vergleichswert zumindest einen ersten Anhaltspunkt dar. Bei freistehenden Einfamilienhäusern spielt der Vergleichswert praktisch keine Rolle, da die Unterschiede hinsichtlich Lage, Grundstücksgröße und Baujahr in aller Regel zu groß sind.

Auch zur Bewertung von Mietwohnhäusern, Wohn- und Geschäftshäusern und Gewerbeimmobilien taugt das Vergleichswertverfahren eher nicht.

Der Sachwert (auch Substanzwert genannt) dominiert bei selbstgenutzten Einfamilienhäusern und wird in zwei Schritten ermittelt. Zunächst wird der Bodenwert als Wert des Grundstücks anhand von Bodenrichtwerten des örtlichen Gutachterausschusses berechnet. Beispiel: Bodenrichtwert 400 Euro pro qm Grundstücksfläche x 300 qm Grundstückfläche = Bodenwert 120 000 Euro.

Im zweiten Schritt erfolgt die oft schwierige Ermittlung des aktuellen Bauwerts (auch Zeitbauwert genannt). Dazu gehen Gutachter von Kubikmeterpreisen für den umbauten Raum oder von Quadratmeterpreisen für die Wohn- und Nutzfläche aus.

Sie müssen dabei Bauweise, Baujahr, Außenhaut des Gebäudes, aktuellen Zustand und Ausstattung bewerten. Außerdem müssen die Alterswertminderung sowie ein Zu-

Wertermittlung
Für Eigentumswohnungen in Mehrparteienhäusern gibt es mehrere Verfahren zur Ermittlung des angemessenen Verkaufspreises.

oder Abschlag mit Blick auf den lokalen Immobilienmarkt berücksichtigt werden.

Liegen sowohl Bodenwert als auch Bauwert fest, wird der Sachwert aus der Summe von Boden- und Bauwert ermittelt. Dieses Sachwertverfahren wird fast ausschließlich bei selbst genutzten Immobilien angewandt und nicht bei reinen Mietobjekten.

Wenn Sie eine vermietete Eigentumswohnung oder ein Mietwohnhaus an einen Kapitalanleger verkaufen wollen, kommt es zuallererst auf den Ertragswert an. Dabei wird der Jahresreinertrag vom Gutachter zunächst auf einen Ertragswert der baulichen Anlagen hochgerechnet. Dieser Gebäudeertragswert ergibt dann zusammen mit dem Bodenwert den Ertragswert des Mietobjekts.

Einfacher ist jedoch die Maklermethode zur Ermittlung des Ertragswerts. Man geht dabei von der tatsächlich erzielten Jahresnettokaltmiete aus und errechnet den Ertragswert oder Angebotspreis beispielsweise aus dem 20- bis 25-Fachen dieser Jahresnettokaltmiete. Die 20-fache Jahresmiete würde dem Kapitalanleger beispielsweise eine anfängliche Mietrendite von 5 Prozent bescheren.

In begehrten Ballungsgebieten wird heute bereits ein Preis in Höhe der 25- bis 30-fachen Jahresnettokaltmiete verlangt. Dann fällt die Mietrendite bereits auf 4 beziehungsweise 3,3 Prozent ohne Berücksichtigung der nicht umlagefähigen Bewirtschaftungskosten und der Kaufnebenkosten. Unterm Strich fällt die Mietrendite nach Kosten dann auf 3 Prozent oder darunter.

Wie hoch Sie als Verkäufer den sogenannten Mietenmultiplikator als Vielfaches der Jahresnettokaltmiete ansetzen, ist zwar allein Ihre Sache. Erkundigen Sie sich aber auf dem lokalen Wohnungsmarkt, was üblich ist. In ländlichen Gegenden mit relativ wenigen Mietern müssen Sie sich bei Ihrem Angebotspreis möglicherweise auf die 15-fache Jahresnettokaltmiete oder noch weniger beschränken, um renditehungrige Kapitalanleger anzulocken.

Der Verkehrswert, der aus den Einzelwerten (Vergleichs-, Sach- oder Ertragswert) abgeleitet wird, ist mit einem „Als-ob Marktpreis“ zu vergleichen. Er berücksichtigt

HÄTTEN SIE'S GEWUSST?

Privatleute dürfen in Deutschland **keine Glücksspiele** betreiben. Lotto- und Lotteriespiele sind nur dem Staat und bestimmten Konzessionsträgern vorbehalten.

Dennoch wagte es in den Jahren 2008 und 2009 ein Hauseigentümer in München und verbrannte sich dabei gründlich die Finger.

Der Münchener verloste sein Haus mit einem Wert von 570 000 Euro im Internet. 48 000 Lose zu je 19 Euro wollte er verkaufen, lediglich rund 21 000 Lose konnte er in 2008 und 2009 verkaufen. Immerhin hätte er dann noch 400 000 Euro bekommen.

Das Landgericht München machte ihm jedoch einen Strich durch seine Rechnung und verurteilte ihn wegen unerlaubten Glücksspiels und Betrugs zu zwei Jahren auf Bewährung.

nicht nur die Objekt- und Nutzungsart sowie den baulichen Zustand und die Ausstattung der Immobilie, sondern auch die Marktsituation vor Ort. Insofern handelt es sich dabei um einen markangepassten Wert, der über einen reinen Vergleichs-, Sach- oder Ertragswert hinausgeht.

Möchten Sie einmal ein Originalgutachten in Händen halten, wie es von öffentlich bestellten und vereidigten Sachverständigen verfasst wird? Dann beherzigen Sie den Tipp auf Seite 26 links, der Ihnen den schnellsten und kostenlosen Weg zu etlichen Gutachten zeigt.

Für den Verkauf modernisieren?

Viele Eigentümer fragen sich, ob es sich lohnt, das Objekt vor dem Verkauf zu modernisieren. Die Antwort ist: Es kommt ganz darauf an. Ob und in welchem Ausmaß sich eine Modernisierung der Immobilie lohnt, hängt von vielen Faktoren ab. Letztlich wird die entscheidende Frage sein, ob man durch die Investitionen das Haus oder die Wohnung so aufwerten kann, dass sich der Verkaufspreis um deutlich mehr als die Modernisierungskosten steigern lässt ... oder ob man es durch die Modernisierung für Käufer überhaupt erst interessant machen kann. In Regionen mit stagnierender oder abnehmender Bevölkerung und einer geringen Nachfrage lohnen sich Investitionen in der Regel nicht.

Man muss sich auch fragen, ob man sich vor dem Verkauf noch den ganzen Aufwand

Sanierung
Umfassende Sanierungen zur Wertsteigerung für den Verkauf lohnen sich nur selten.

von Planung über Finanzierung bis Durchführung der Modernisierung „ans Bein binden" will ... Und wer sagt einem, dass ein Kaufinteressent die getätigten Modernisierungsmaßnahmen auch schätzt? Vielleicht würde er eine Modernisierung mit ganz anderen Prioritäten und Zielen durchführen.

Kühl kalkulieren: Kniffliger sind Fälle, in denen sich für eine Immobilie wegen eines geringen Standards kein Interessent finden lässt, in der Region aber durchaus eine Nachfrage nach Wohnraum verzeichnet wird. Hier kann es sich lohnen, noch einmal Geld in die Hand zu nehmen. Immobilienbesitzer müssen dann aber überlegen, ob sie das Objekt gleich auf hohem Niveau mit exquisiten Materialien modernisieren lassen oder besser einen ordentlichen, mittleren Standard wählen. Ersteres lohnt sich nur, wenn es vor Ort überhaupt solvente Interessenten gibt, die die Immobilie in der gegebenen Lage auch kaufen wollen.

Für Eigenheimbesitzer, die ihre Immobilie verkaufen möchten, lohnen sich große Modernisierungen mit hohem Kosten- und Zeitaufwand also meistens nicht. Die Investitionskosten lassen sich in der Regel nicht über den Verkaufspreis reinholen. Aufhübschen, also mit kleinen Mitteln für einen optisch ansprechendes Eindruck zu sorgen, lohnt sich aber immer. Ein gepflegtes Objekt lässt sich eben leichter verkaufen.

Alternative Methoden zur Preisfindung

Beim klassischen Verkauf einer Immobilie gibt der Verkäufer einen Angebotspreis vor, an dem sich der Kaufinteressent ausrichten kann. Zwar kann ein geschickter Käufer den geforderten Preis herunterhandeln. Bei begehrten Immobilien kommt es aber auch vor, dass Käufer einen höheren Preis zahlen wollen, um die Nase gegenüber ihren Konkurrenten vorne zu haben.

Problematisch wird es aber, wenn keiner oder kaum einer auf den ersten Angebotspreis des Verkäufers eingeht. Die Immobilie kann dann schnell zum Ladenhüter werden, der infolge des zu hoch angesetzten Preises oder einer fehlenden Nachfrage praktisch unverkäuflich ist. Hier schlägt die Stunde für mögliche Alternativen zum klassischen

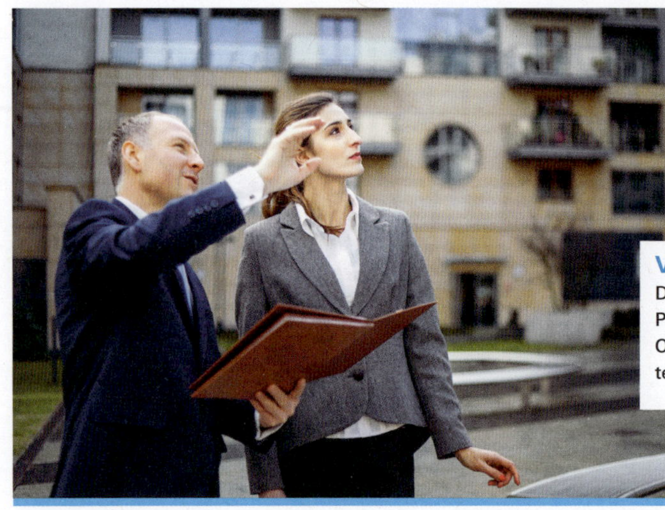

Verkaufspreise
Die Nachfrage bestimmt den Preis. Aber wie findet man das Optimum, ohne Kaufinteressenten abzuschrecken?

Verkauf. Von Bieterverfahren, freiwilliger Versteigerung oder gar Hausverlosung ist die Rede. Was ist davon zu halten?

Bei der Verlosung von Immobilien ist es so wie beim Frage-Antwort-Spiel bei Radio Eriwan. Frage: Kann oder darf man sein Haus oder seine Wohnung verlosen? Antwort von Radio Eriwan: Im Prinzip nein, es wird aber immer wieder versucht.

Im Gegensatz zu Hausverlosungen sind freiwillige Versteigerungen von Immobilien (Grundstücksauktionen) legal. Die Deutsche Grundstücksauktionen AG in Berlin versteigert schon seit Jahren vorzugsweise in Berlin und den neuen Bundesländern liegende Immobilien. Der Start- beziehungsweise Mindestpreis wird vom Auktionator in Abstimmung mit dem Immobilieneigentümer festgesetzt. Den Zuschlag erhält dann der Meistbietende, wenn er beispielsweise eine Sicherheit von 10 Prozent seines Höchstgebots sofort hinterlegt. Anschließend wird in Gegenwart eines Notars der Kaufvertrag beurkundet.

Diese freiwilligen Versteigerungen sind von Zwangsversteigerungen zu unterscheiden, die von den Amtsgerichten meist auf Antrag von Gläubigerbanken angeordnet werden. Im Versteigerungstermin müssen die Bieter ebenfalls ein Mindestgebot abgeben und eine Sicherheitsleistung in Höhe von 10 Prozent des vom Gutachter ermittelten und vom Gericht festgesetzten Verkehrswerts erbringen. Im Gegensatz zur freiwilligen Versteigerung erfolgt die Eigentumsübergabe bereits durch den Zuschlag bei Gericht. Der vom zuständigen Rechtspfleger verkündete Zuschlag ersetzt den sonst erforderlichen notariellen Kaufvertrag. Bereits mit Erteilung des Zuschlags wird also der Meistbietende Eigentümer.

→ Privates Bieterverfahren

Neuerdings gibt es außer den Grundstücksauktionen und den Zwangsversteigerungen von Immobilien vor dem Amtsgericht auch noch das private Bieterverfahren. Hierbei erstellt der private Haus- oder Wohnungseigentümer ein ausführliches Exposé mit Angabe des Mindestpreises und schickt dies mit Bekanntgabe eines festen Besichtigungstermins Biet- beziehungsweise Kaufinteressenten zu.

Am einzigen Besichtigungstermin nehmen alle Kaufinteressenten teil. Sie können dann innerhalb von spätestens zwei Wochen eigene Gebote abgeben. Das Höchstgebot muss der Verkäufer jedoch im Gegensatz zum Auktionator nicht annehmen. Wenn es ihm zu gering erscheint, bricht er das Bieterverfahren einfach ab und versucht sein Glück möglicherweise über den klassischen Verkauf.

Weitere detaillierte Informationen über das weitgehend unbekannte Bieterverfahren finden Sie im Internet unter www.bieterverfahren24.de oder www.bieterverfahren.com.

Als mögliche Alternativen zum klassischen Verkauf mit Angebotspreis des Verkäufers schälen sich also zwei Möglichkeiten heraus – die freiwillige Versteigerung oder das private Bieterverfahren. Die Hausverlosung ist illegal, und die Zwangsversteigerung beim Amtsgericht auf Antrag der Gläubigerbank sicherlich die schlechteste Alternative für den Haus- und Grundbesitzer. Es sei denn, ein Miteigentümer beantragt vor dem zuständigen Amtsgericht die Versteigerung zum Zwecke der Aufhebung der Gemeinschaft (sogenannte Teilungsversteigerung), da er sich mit dem geschiedenen Ehegatten oder den Miterben nicht über den Verkauf einer Immobilie einigen kann.

Freiwillige Versteigerungen von Immobilien durch Auktionatoren sind fast ausschließlich auf den nord- und ostdeutschen Raum beschränkt und kommen daher für verkaufswillige Immobilieneigentümer in Süd- und Westdeutschland nicht infrage.

Bleibt also nur das private Bieterverfahren als legale Alternative. Leider liegen noch zu wenige praktische Erfahrungen darüber vor. Den kaufwilligen Interessenten wird es sicherlich ärgern, dass er auch als Meistbietender leer ausgehen kann. Andererseits scheuen verkaufswillige Immobilieneigentümer den zeitlichen Aufwand vom Erstellen und Versenden der Exposés über den Besichtigungstermin mit einer Schar von Kaufinteressenten bis zum erhofften Eintreffen der Gebote. Eine Garantie, dass dieser innovative Weg des Immobilienverkaufs zum Erfolg führt, kann es nicht geben.

Jüngeren Käufern und Verkäufern mag das private Bieterverfahren gefallen. Ältere oder konservative Verkäufer werden sich eher für den klassischen Weg entscheiden.

Werbung und Kaufangebot

„Wer nicht wirbt, stirbt." Dieser martialisch klingende Marketingspruch trifft grundsätzlich auch auf private Immobilienverkäufer zu.

Es ist eine Binsenweisheit: Ohne Werbung finden Sie keinen Käufer. Erfolgreiche Privatverkäufer sehen den Verkauf ihres Hauses oder ihrer Wohnung als Dienstleistung am Kunden und bieten Kaufinteressenten umfassende Informationen. Ihr Käufer als Partner – warum sollte das eigentlich nicht möglich sein? Versetzen Sie sich in die Lage Ihres Kaufinteressenten und tun Sie, als ob Sie selbst ein Haus oder eine Wohnung kaufen wollten. Ihre „Als-ob-Einstellung" kann die Suche nach einem geeigneten Käufer wesentlich erleichtern.

Verteilung von Handzetteln in der Nachbarschaft

Wollen Sie demnächst aus Ihrem zurzeit selbst bewohnten Einfamilienhaus ausziehen, sollten Sie Ihren Verkaufswunsch Ihren Nachbarn ruhig mitteilen. Vielleicht hilft schon die „Mund-zu-Mund-Propaganda", um Interessenten für eine Hausbesichtigung zu finden.

Sie brauchen sich nicht scheuen, Ihrer Nachbarschaft den Hauptgrund für den geplanten Auszug ganz offen zu nennen. Dies kann berufsbedingt sein, da Ihr künftiger Arbeitsplatz an einem weit entfernten Ort liegen wird. Private Gründe sind Scheidung, Alter oder eine künftige Pflegebedürftigkeit. Weitere private Gründe können sein: Auszug aus einem kleinen Reihenhaus in ein freistehendes Einfamilienhaus mit großem Garten oder umgekehrt Umstieg von einem nach Auszug der Kinder zu groß gewordenen Einfamilienhaus in eine kleinere Eigentumswohnung in ruhiger Stadtlage.

Auf keinen Fall dürfen Sie aber den Eindruck erwecken, dass Sie unter Termindruck stehen und Ihr Eigenheim so schnell wie möglich verkaufen müssen. Panikverkäufe locken nur Schnäppchenjäger an, die Ihre möglicherweise auch finanziell angespannte Situation ausnutzen wollen. Wer auf dem sprichwörtlichen Pulverfass sitzt und sich das anmerken lässt, hat bei Verkaufsgesprächen von vornherein schlechte Karten.

Wenn die „Mund-zu-Mund-Propaganda" noch nicht funktioniert hat, sollten Sie 100 bis 200 Handzettel in Ihrer Nachbarschaft beziehungsweise im Umkreis von zwei Kilometern verteilen. Den Preis können Sie darin schon nennen, müssen es aber nicht. Sinnvoll ist es aber, dem Handzettel eine kleine Beschreibung des Hauses und eine Grundrisszeichnung beizulegen.

So, wie hier abgebildet, sah beispielsweise ein Handzettel aus, der umgehend zu mehreren Hausbesichtigungen und innerhalb von nur drei Wochen auch zum Notartermin führte. Den ersten Satz können Sie natürlich jederzeit individuell formulieren. Warum also nicht in die Offensive gehen? Die lieben Nachbarn erfahren Ihre Verkaufsabsichten ja doch eines Tages.

Ein individueller Handzettel verspricht auf jeden Fall eine bessere Wirkung als ein auffälliges Verkaufsschild „Von privat zu verkaufen" vor oder an Ihrem Haus, wie es in England oder in den USA üblich ist. Die deutsche Mentalität verhindert es zurzeit wohl noch, selbst bewohnte Eigenheime von privat an privat per Verkaufsschild oder -plakat anzubieten.

Mustertext für einen Handzettel

Unser Haus ist zu verkaufen

Meine Frau und ich werden im .... nach ...... ziehen. Aus diesem Grund ist unser Haus in .... zu verkaufen. Vielleicht gibt es in Ihrem Nachbar-, Verwandten-, Freundes-, Bekannten- oder Kollegenkreis jemanden, den unser Haus interessieren würde, oder vielleicht haben auch Sie selbst Interesse.

Die Wohnfläche beträgt .... Quadratmeter, das Haus hat ...... Zimmer, versetzte Wohnebenen, einen offenen Kamin und einen Garten mit Teich.

Der Kaufpreis beträgt .... Euro.

Eine Grundrisszeichnung fügen wir bei. Sollte Interesse an unserem Haus bestehen, so sind wir selbstverständlich gerne bereit, weitergehende Informationen zu erteilen und einen Besichtigungstermin zu vereinbaren.

Wir freuen uns über Ihren Anruf. Unsere Telefonnummer lautet ......

Mit nachbarschaftlichen Grüßen

....

Mit Handzetteln beziehungsweise Flyern durchbrechen Sie zwar auch die Privatsphäre ein wenig. Andererseits ist diese zunächst ungewöhnlich klingende Werbemethode viel persönlicher als ein Verkaufsschild, das möglicherweise noch wie ein „Galgen" im Garten steht und daher mehr abschreckend als motivierend wirkt.

Bedenken Sie auch, dass je nach Region bis zu 80 Prozent der Einfamilienhäuser an enge oder weitläufige Nachbarn verkauft werden, die in der Umgebung von maximal zwei Kilometern als Mieter oder Eigentümer eines anderen Hauses wohnen. Diesen Nachbarschaftsvorteil sollten Sie sich auf keinen Fall entgehen lassen. Sagen oder schreiben Sie daher Ihren Nachbarn, dass Sie Ihr Haus verkaufen wollen, und verschweigen Sie nicht Ihre Verkaufsabsichten.

Es kommt auch vor, dass sich Ihr Mieter direkt an Sie wendet mit der Frage, ob Sie beispielsweise Ihre Eigentumswohnung an ihn oder einen engen Verwandten verkaufen wollen. Sofern Sie tatsächlich einen Verkauf in der nächsten Zeit planen, sollten Sie durchaus in Verhandlungen mit ihm und dem Kaufinteressenten aus seiner Verwandtschaft treten. Sie können Ihren Mieter auch direkt darauf ansprechen, ob er Ihre Eigentumswohnung kaufen möchte.

Will der Mieter oder sein Verwandter Ihre Immobilie allerdings zu einem deutlich unter ortsüblichen Marktpreisen liegenden Schnäppchenpreis erwerben, sollten Sie sich nicht darauf einlassen. Sie haben schließlich nichts zu verschenken. Ähnliches gilt, falls ein Verkauf zum jetzigen Zeitpunkt für Sie ungünstig wäre, zum Beispiel wegen steuerlicher Nachteile durch eine noch nicht abgelaufener Zehnjahresfrist für steuerfreie Veräußerungsgewinne oder wegen hoher Vorfälligkeitsentschädigung Ihrer Bank durch einen Verkauf weit vor Ende der vereinbarten Zinsbindungsfrist. Außerdem könnte es sein, dass Ihnen ein vorzeitiger Verkauf angesichts der extremen Niedrigzinsphase gar nicht in Ihr Konzept passt. Sie müssten ansehnliche Mieterträge quasi eintauschen gegen karge Zinserträge, was aus wirtschaftlicher Sicht wenig Sinn macht.

Ein gutes Angebot für Ihre Mieter. Falls Sie Ihre Eigentumswohnung oder Ihr Einfamilienhaus an einen solventen und zuverlässigen Mieter vermietet haben, informieren Sie ihn frühzeitig über Ihre Verkaufsabsichten und bieten Sie ihm Ihre Wohnung oder Ihr Haus zum Kauf an. Sie können ihm einen günstigeren Vorzugspreis in Aussicht stellen, da Sie ja alle sonst anfallenden Vermarktungskosten vermeiden können.

Annoncen schreiben

Ob Sie sich nun an Ihre Nachbarn in unmittelbarer Umgebung oder per Annonce an einen viel größeren Kreis wenden – an einem konkreten Kaufangebot kommen Sie letztlich nicht vorbei. Dieses sollte folgende Eckpunkte enthalten:

- Genaue Lage der Immobilie
- Kurzbeschreibung der Wohn- und Verkehrslage
- Kurzbeschreibung von Grundriss, Raumaufteilung und Ausstattung der Wohnung
- Baujahr
- Wohnfläche
- Grundstücksfläche (bei Häusern)
- Hinweise auf Energieausweis und Energieverbrauch
- Kaufpreis
- Derzeitige Nutzung (vom Eigentümer selbst bewohnt oder vermietet oder sofort bezugsfrei)
- Ihre Kontaktdaten (Anschrift, Telefonnummer, E-Mail-Adresse).

Diesem Kaufangebot, das auf eine oder zwei DIN-A4-Seiten passt, sollten dann Farbfotos von innen und außen sowie eine Grundrisszeichnung beigefügt werden.

Ein solches schriftliches Kaufangebot verpflichtet Sie rechtlich noch zu nichts. Selbst wenn ein Kaufinteressent Ihr Kaufangebot in schriftlicher Form annehmen würde, ist damit noch kein Vertrag über den Kauf Ihres Hauses oder Ihrer Wohnung zu-

HÄTTEN SIE'S GEWUSST?

Exposé heißt so viel wie Vorausschau. Ursprünglich wurde darunter ein literarischer Entwurf, quasi ein Handlungsaufriss verstanden. Autoren, die ein Buch schreiben wollen, erstellen auch heute zunächst ein Exposé für die Programmmacher eines Verlags und unterbreiten damit quasi ein Angebot für ein Buch.

Erst durch das Unterzeichnen des Vertrags von beiden Seiten (Verlag und Autor) kommt dann der eigentliche Verlags- oder Autorenvertrag zustande.

Architekten legen für ein Bauprojekt ebenfalls einen Entwurf beziehungsweise Exposé vor. Immobilienmakler erstellen ein Exposé im Auftrag von verkaufswilligen Haus- und Wohnungseigentümern und treten als Vermittler zwischen Verkäufer und Käufer auf.

„Provisionsfrei – direkt vom Eigentümer" wirkt immer.

stande gekommen. Erst mit der Unterzeichnung eines notariellen Kaufvertrags durch Käufer und Verkäufer kommt bei der Übertragung von Immobilien ein rechtlich verbindlicher Immobilienkauf beziehungsweise -verkauf zustande.

Wichtig ist, dass Sie bereits in der Überschrift auf das Privatangebot als „Provisionsfrei direkt vom Eigentümer" hinweisen und eine attraktive Besonderheit Ihrer Immobilie (zum Beispiel „Wohnen im Grünen") nennen. Profis sprechen von „Eyecatcher" (ins Auge stechendes Merkmal) oder gar vom AIDA-Konzept (A wie Attention = Aufmerksamkeit, Interest = Interesse, Desire = Wunsch, Action = Handlung).

In der Tat geht es darum, durch Schlagzeile und Beschreibung die Aufmerksamkeit und das Interesse von potenziellen Käufern zu wecken, die anschließend beim Privatverkäufer telefonisch oder per E-Mail den Wunsch nach einem Besichtigungstermin äußern. Wie ein solches Kaufangebot oder Exposé in der Praxis aussehen kann, zeigen die beiden folgenden Beispiele auf den Seiten 37 und 38.

Im ersten Fall handelt es sich um ein Kaufangebot über ein Einfamilien-Reihenhaus für Selbstnutzer, während sich das zweite Kaufangebot über eine vermietete Eigentumswohnung an renditeorientierte Kapitalanleger wendet. In beiden Fällen wurde die vom Privatverkäufer angebotene Immobilie innerhalb von vier bis sieben Wochen (vom Kaufangebot bis zum notariellen Kaufvertrag) verkauft.

Um die beiden Erfolgsbeispiele so originalgetreu wie nur möglich wiederzugeben, wurden nur die exakte Anschrift sowie der Name des Verkäufers offen gelassen. Dies geschieht auch aus Datenschutzgründen gegenüber den jeweiligen Käufern.

Diese beiden Kaufangebote waren Grundlage für die Internet- und Zeitungsannoncen. Die ausführlichen Exposés (siehe Seiten 44 ff.) wurden nach Kontaktaufnahme und Besichtigung den ernsthaft interessierten Kaufaspiranten ausgehändigt.

Die Internetanzeige

Nach Erstellung von derart ausführlichen Annoncen sollte es ein Kinderspiel sein,

Mustertext

Kaufangebot für Einfamilien-Reihenhaus an Selbstnutzer

Großes Reihenhaus in der Nähe des Naturschutzgebiets Neandertal von privat zu verkaufen

Objekt: Einfamilien-Reihenhaus, Erkrath, ...str. .....

Lage: Ruhige Wohnlage am Naturschutzgebiet Neandertal, gute Verkehrsverbindungen (5 Gehminuten zum S-Bahnhof, 10 Fahrtminuten zur Autobahn A 46)

Bauweise: Zweigeschossig mit ausgebautem Dachgeschoss, voll unterkellert, Massivbau, Hausbreite 6,70 m

Baujahr: 1981

Heizungsart: Ölheizung

Energieausweis: Liegt vor (Verbrauchsausweis)

Energieverbrauchswert: 184 kWh/(qm x a)

Energieeffizienzklasse: B

Größe: Grundstücksfläche ca. 210 qm, reine Wohnfläche ca. 160 qm, zusätzliche Nutzfläche im Keller 64 qm

Aufteilung: 5 Zimmer im Erd-, Ober- und Dachgeschoss (siehe beiliegende Grundrisszeichnung)

Außenanlagen: Terrasse 17 qm, Kelleraußentreppe, kleiner Garten vor und hinter dem Haus, Garage

Ausstattung: Komfortabel (u. a. offener Kamin, Fußbodenheizung, hochwertige Bodenfliesen im kompletten Erdgeschoss, breite Markise und Rollladenautomat auf der Gartenseite)

Kaufpreis: 325 000 Euro

Bezug: nach Vereinbarung

Besichtigung: nach Absprache mit dem Eigentümer ....,

Tel. ...., E-Mail ....

Mustertext

Kaufangebot für Eigentumswohnung an Kapitalanleger

Kapitalanlage mit 5,5 % Mietrendite – provisionsfrei vom Eigentümer

1-Zimmer-Großraumapartment in ruhiger Wohnlage von Düsseldorf-Unterbilk, Bachstraße .....

Wohnfläche 44 qm + TG-Stellplatz

Kaufpreis 88 000 € für Wohnung + 10 000 € für TG-Stellplatz = 98 000 € insgesamt

Wohnung in einem sehr gepflegten Haus mit nur 4 Etagen, Lage des Apartments innerhalb des Hauses: 2. Obergeschoss links

Baujahr 1983, Gasetagenheizung, B, Energieverbrauchswert 165 kWh/(qm x a)

Zurzeit vermietet für 395 € netto kalt + 55 € TG-Stellplatz = 450 € pro Monat (Mietbeginn am 1.4.2012), monatliche Nettokaltmiete für die Wohnung bei knapp 9 €/qm

Jahresnettokaltmiete 5 400 €, aktuelle Mietrendite 5,5 %

Ruhige Wohnlage, sehr verkehrsgünstige Lage (zum Beispiel 10 Minuten Fußweg zum S-Bahnhof Düsseldorf-Bilk)

Einkaufsmöglichkeiten in unmittelbarer Nähe (u. a. Bilker Arcaden am Bahnhof Düsseldorf-Bilk), Nähe Medienhafen im Westen

Ausstattung der Wohnung: Laminatboden in Großraum (kombinierter Wohn-Schlafraum) und Diele, Bad/WC, Einbauküche, Eingangsdiele mit großem Einbauschrank, Loggia mit Blick auf die Düssel (siehe auch Grundrisszeichnung als Anlage)

Zur Wohnung gehört ein Kellerraum, außerdem stehen Waschküche, Trockenraum und Fahrradkeller zur Verfügung.

Tiefgaragenstellplatz ist im Kaufpreis von 98 000 € mit enthalten (mit Sondernutzungsrecht laut Grundbuch)

Kontakt über Eigentümer ...., Tel. ....,

E-Mail: ....

auch im Internet eine Anzeige über Immobilienportale wie ImmobilienScout24, Immowelt und Immonet aufzugeben und dieser Annonce aussagekräftige Fotos über Haus und Wohnung beizufügen. Am Internet geht auch für private Verkäufer von Immobilien kein Weg mehr vorbei. Sie können beim Aufgeben Ihrer Anzeige wählen zwischen dem Marktführer ImmobilienScout24 oder den beiden Portalen Immonet und Immowelt, die im Jahr 2014 fusioniert sind.

Hier kommen nun auf jeden Fall Kosten auf Sie zu. Am teuersten ist es bei ImmobilienScout24. Wenn Sie dort eine Basisanzeige für nur 14 Tage aufgeben, bezahlen Sie je nach Region und Immobilientyp ab 49,90 Euro. Bei einem Monat sind es ab 79,90 Euro und bei drei Monaten ab 149,90 Euro (aktuelle Preise in 2018). Empfehlenswert ist eine Anzeige, die bei ImmobilienScout24 einen Monat lang erscheint in der Hoffnung, dass Sie in dieser Zeit genügend Kaufinteressenten für einen Besichtigungstermin gewinnen konnten.

Bei Immonet kostet die Standardanzeige immo Basic 49,90 Euro für zwei Wochen, 69,90 Euro für vier Wochen und 119,90 Euro für acht Wochen (Preise in 2018). Niedriger sind die Kosten für Inserate bei Immowelt und anderen Immobilienportalen.

Ohne an dieser Stelle Werbung für bestimmte Immobilienportale machen zu wollen, kann es sich für Sie empfehlen, eine ImmobilienScout-Anzeige über einen Monat mit einer Immonet-Anzeige über 8 Wochen zu kombinieren. Sie zahlen dann insgesamt rund 200 Euro und können in der Regel davon ausgehen, dass sich diese Investition für Sie letztlich durch erfolgreiches Finden eines geeigneten Käufers auszahlt.

Was Sie im Einzelnen in Ihre Internetanzeige hineinschreiben, ist Ihre Sache. Sie haben ja bereits alle wichtigen Daten über Ihr Haus oder Ihre Wohnung gesammelt, sodass Sie bei der Eingabe der Daten keine Schwierigkeiten haben. Wie Sie vorgehen, ist denkbar einfach. Lassen Sie sich über die automatischen Abfragen einfach Schritt für Schritt führen.

---

i

Für den Verkauf eines sehr individuell oder gar exklusiv gestalteten Einfamilienhauses kann sich eine eigene Internetseite (Homepage oder Blog) lohnen. Sie können dann Ihr Haus mit Außen- und Innenansichten ins Netz stellen. Im Bestfall läuft ein etwa 15-minütiger Film einer konkreten Hausbesichtigung ab. Dies ist besonders für Kaufinteressenten von Vorteil, die mehrere Hundert Kilometer entfernt wohnen.

→ Die Energieausweise

Bereits für Ihre erste Annonce benötigen Sie einen Energieausweis, da Sie daraus bestimmte Angaben übernehmen müssen (siehe Seite 42). Spätestens bei der ersten Besichtigung von Kaufinteressenten muss der Energieausweis vorliegen.

Der kostengünstige **Verbrauchsausweis** (verbrauchsorientierter Energieausweis, ca. 30 bis 50 Euro) zeigt den echten Heizenergieverbrauch der letzten 36 Monate auf einer Skala mit Grün-, Gelb- und Rotmarkierung an, um einen geringen, mittleren oder hohen Energieverbrauch darzustellen.

Der teurere **Bedarfsausweis** (bedarfsorientierter Energieausweis, mindestens 300 Euro) setzt den Besuch eines Gutachters in Ihrem Haus oder Ihrer Eigentumswohnung voraus. Dieser ermittelt den Energiebedarf auf Basis der verwendeten Baumaterialien, des Hauszustands und der Größe von Haus oder Wohnung. Der tatsächliche Verbrauch spielt hier keine Rolle.

Der Bedarfsausweis ist Pflicht für Neubauten sowie ältere Immobilien (weniger als 5 Wohnungen) mit Bauantrag vor dem 1.11.1977 ohne energetische Sanierung.

Pflichtangaben bei Onlineanzeigen

Ihre private Immobilienanzeige muss nach § 16 Energieeinsparverordnung (EnEV 2014) seit dem 1.5.2014 folgende Pflichtangaben enthalten:

- Baujahr des Gebäudes
- Energieträger der Heizung (zum Beispiel Öl, Erdgas oder Fernwärme)
- Art des Energieausweises. Beim Verkauf einer Eigentumswohnung reicht ein Verbrauchsausweis meist aus. Falls Sie jedoch ein größeres oder älteres Haus verkaufen, kann sich der Bedarfsausweis für Sie als Verkäufer insbesondere dann empfehlen, wenn Sie bei Ihrem Haus mit einer relativ hohen Energieeffizienz glänzen können.
- Energieverbrauchswert (kWh pro qm und Jahr)
- Energieeffizienzklasse (von der optimalen A+ bis zur schlechten Klasse H).

Falls Sie gegen diese Angabepflicht verstoßen, droht Ihnen seit 1.5.2014 ein schmerzhaftes Ordnungsgeld.

Falls Ihnen zum Zeitpunkt der Anzeigenaufgabe noch kein Energieausweis vorliegt, müssen Sie die Angaben zur Art des Energieausweises, zum Energieverbrauchswert und zur Energieeffizienzklasse den Kaufinteressenten spätestens bei der ersten Haus- oder Wohnungsbesichtigung vorlegen. Bei den Daten für Ihre Internetanzeige auf der folgenden Seite 42 wird auf die nötigen Pflichtangaben zur Energieausstattung Ih-

ENERGIEAUSWEIS für Wohngebäude

gemäß den §§ 16 ff. Energieeinsparverordnung (EnEV) vom[1] 18.11.2013

Erfasster Energieverbrauch des Gebäudes

Reg

Energieverbrauch

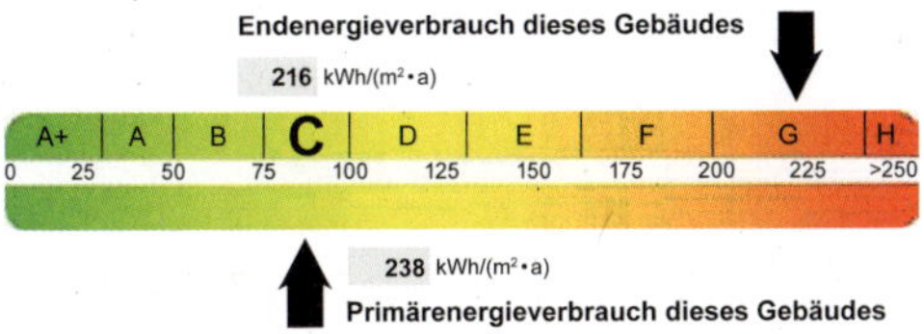

Endenergieverbrauch dieses Gebäudes

216 kWh/(m²•a)

A+	A	B	C	D	E	F	G	H

0 25 50 75 100 125 150 175 200 225 >250

238 kWh/(m²•a)

Primärenergieverbrauch dieses Gebäudes

Endenergieverbrauch dieses Gebäudes (Pflichtangaben für Immobilienanzeigen)	216 kWh/(m²•a)

Verbrauchserfassung – Heizung und Warmwasser

Zeitraum von	Zeitraum bis	Energieträger[3]	Primär-energie-faktor	Energieverbrauch Wärme [kWh]	Anteil Warmwasser [kWh]	Anteil Heizung [kWh]	Klima-faktor
01.01.2011	31.12.2011	Erdgas H	1,10	106268	19128	87140	1,16
01.01.2012	31.12.2012	Erdgas H	1,10	114826	20669	94157	1,07
01.01.2013	31.12.2013	Erdgas H	1,10	109422	19696	89726	1,03

Vergleichswerte Endenergie

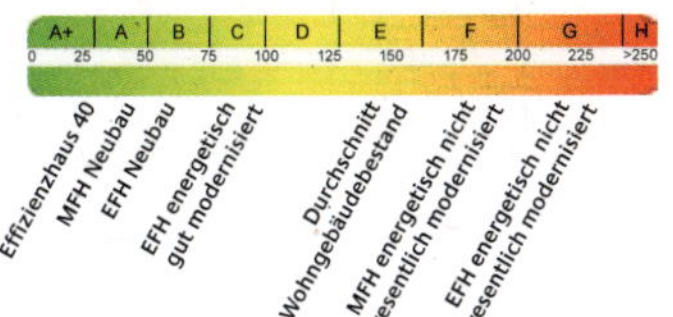

4)

Die modellhaft ermittelten Vergleichswerte beziehen sich auf Gebäude, in denen die Wärme für Heizung und Warmwasser durch Heizkessel im Gebäude bereitgestellt wird.

Soll ein Energieverbrauch eines mit Fern- oder Nahwärme beheizten Gebäudes verglichen werden, ist zu beachten, dass hier normalerweise ein um 15 bis 30 % geringerer Energieverbrauch als bei vergleichbaren Gebäuden mit Kesselheizung zu erwarten ist.

Erläuterungen zum Verfahren

Das Verfahren zur Ermittlung des Energieverbrauchs ist durch die Energie
spezifische Werte pro Quadratmeter Gebäudenutzfläche (A_N) nach der Ener
Wohnfläche des Gebäudes. Der tatsächliche Energieverbrauch einer Wohn
Witterungseinflusses und sich ändern den Nutzerverhaltens vom angegeben

1) siehe Fußnote 1 auf Seite 1 des Energieausweises 2) siehe Fußnote 2 auf Seite 1 des Energieausweises
in kWh 4) EFH: Einfamilienhaus, MFH: Mehrfanilienhaus

Der Verbrauchsausweis schlüsselt den tatsächlichen Endenergieverbrauch der Haus- oder Wohnungsnutzer während der letzten 36 Monate auf. Der erfasste Verbrauch wird um einen Klimafaktor korrigiert, der die Wetterdaten des Messzeitraums berücksichtigt. Bei Eigentumswohnungen wird der Verbrauchsausweis übrigens für die gesamte Eigentumswohnanlage erstellt.

Aktuelle Informationen zum Energieausweis gibt es bei www.test.de/faq-energieausweis. Die Deutsche Energie-Agentur (www.dena.de) listet in ihrer Datenbank qualifizierte Aussteller von Energieausweisen auf und verteilt Bedarfsausweise mit Gütesiegel, teilweise auch mit TÜV-Zertifikat.

Checkliste

Daten für Ihre Internetanzeige

Bei ImmobilienScout24 geben Sie die Daten für Ihr zum Verkauf stehendes Haus in der folgenden Reihenfolge ein:

- ☐ Eine prägnante Überschrift (z. B. „Komfort-Reihenhaus in .... von privat zu verkaufen")
- ☐ Haustyp (freistehendes Einfamilienhaus, Reihenhaus oder Doppelhaushälfte)
- ☐ Wohnfläche (in qm)
- ☐ Grundstücksfläche (in qm)
- ☐ Bezugsfrei (sofort oder nach Vereinbarung)
- ☐ Zimmer insgesamt (Anzahl)
- ☐ Schlafzimmer (Anzahl)
- ☐ Badezimmer (Anzahl)
- ☐ Garage (und/oder Außenstellplatz)
- ☐ Kaufpreis (für Haus und Garage)
- ☐ Baujahr
- ☐ Heizungsart (z. B. Erdgas oder Öl)
- ☐ Energieausweis (Verbrauchs- oder Bedarfsausweis)
- ☐ Energieeffizienzklasse (A+ bis H)
- ☐ Energieverbrauchswert (in kWh/qm x a) oder Endenergiebedarf
- ☐ Objektbeschreibung (eigener Text)
- ☐ Ausstattung (eigener Text)
- ☐ Lage (eigener Text)
- ☐ Sonstiges (eigener Text)
- ☐ Grundrisse (möglichst farbig für alle Geschosse)
- ☐ Fotos (mit Vorder- und Hinteransicht vom Haus und den Zimmern)

res Hauses hingewiesen. Wenn Sie dann alle Unterlagen inklusive Grundrisszeichnungen und Fotos zur Hand beziehungsweise im Computer haben, benötigen Sie für die Aufgabe Ihrer Anzeige nicht mehr als 15 Minuten.

Bei ImmobilienScout24 und Immonet können Sie statt der Basis- beziehungsweise Standardanzeige auch eine teurere Anzeige wählen, die Ihnen zusätzliche Leistungen bietet (zum Beispiel Position der Anzeige an vorderster Stelle).

Die Zeitungsanzeige

Bei einer Zeitungsannonce werden Sie sich wegen der Kosten auf ein paar Zeilen beschränken und Ihr Immobilienangebot kurz und prägnant beschreiben. Das „Fassen Sie sich kurz" ist meist sehr viel schwieriger als die genaue und ausführliche Angebotsbeschreibung. Andererseits fühlen sich davon bestimmte Interessenten besonders angesprochen. Insbesondere viele ältere Menschen haben informieren sich trotz vorhandenen Computers immer noch gerne über den Immobilienteil in ihrer Tageszeitung, wenn sie ein Haus oder eine Wohnung kaufen wollen.

Auch junge Familien mit zwei oder mehr Kindern, die dringend ein Haus oder eine größere Wohnung mit mindestens 100 Quadratmeter Wohnfläche suchen, stöbern außer in Immobilienportalen zusätzlich die meist mittwochs und samstags erscheinenden Immobilienteile der örtlichen Tageszeitungen durch.

Für sie war die Zeitungsannonce hier unten gedacht, die nicht nur als Exposé versandt wurde (siehe „Kaufangebot für Einfamilienhaus an Selbstnutzer", Seite 37) und als Internetanzeige erschien, sondern auch in der Samstagausgabe einer Tageszeitung.

Verständlicherweise sind solche vier- bis maximal achtzeiligen Fließtextanzeigen nicht jedermanns Geschmack. Allein schon die üblicherweise verwendeten Abkürzungen (zum Beispiel Bj., Wfl., 184 kWh/qm x a) schrecken so manchen Interessenten ab. Andere kennen sich aber darin aus und sind froh, dass sie die Kerndaten bereits in wenigen Zeilen auf einen Blick wahrnehmen können. Weitere Informationen kann ihnen dann der Eigentümer am Telefon nennen, mit dem sie so schnell wie möglich einen Besichtigungstermin vereinbaren können.

Mustertext

Zeitungsanzeige in der Rubrik Einfamilienhäuser:

Erkrath, großes Komfort-Reihenhaus in der Nähe des Naturschutzgebiets Neandertal, voll unterk., Bj. 1981, Wfl. 160 qm plus 30 qm Hobbyraum, Grundst. 210 qm, ÖlZHzg, B, 184 kWh/(qm x a), hochw. Ausstattg., 5 Gehmin. zur S-Bahn, Kaufpreis 325 000 €, von privat an privat, Tel. .... oder E-Mail an ....

Vergessen Sie auch nicht die an alle Haushalte in der Region kostenlos verteilten Wochen- und Anzeigenblätter. Gerade für den Verkauf eines Hauses auf dem Lande kann sich dort eine Kleinanzeige lohnen, die für den Privatanbieter weniger kostet als eine Immobilienanzeige in einer überregionalen Tageszeitung.

Für den Verkauf von vermieteten Eigentumswohnungen eignen sich Annoncen in Tageszeitungen oder Anzeigenblättern weniger. Kapitalanleger informieren sich erfahrungsgemäß lieber im Internet über die Immobilienportale ImmobilienScout24, Immowelt und Immonet. Dort lassen sie sich automatisch die neuen Angebote zusenden, die ihren hinterlegten Immobilienwünschen am nächsten kommen. Auf diese Weise wissen sie frühzeitig über attraktive Angebote Bescheid und können ihr Interesse sofort unter der angegebenen E-Mail-Adresse bekunden.

Das gelungene Immobilienexposé

Sammeln oder ergänzen Sie möglichst alle relevanten Informationen zur Ausstattung und zu weiteren Details der Immobilie. Setzen Sie im Exposé bei Größenangaben – insbesondere bei den Wohnflächen – immer ein „ca." vor die qm-Zahl, auch dann, wenn Sie zentimetergenau gemessen haben. Die genauen Flächen und Raumgrößen sind immer den professionell erstellten Bauplänen zu entnehmen. Die wichtigsten Angaben und Unterlagen für das Exposé sind:

- Grundstücksgröße
- Wohnfläche/Nutzfläche (Grundrissplan und Wohnflächenberechnung)
- Baujahr des Gebäudes
- Bauweise
- Modernisierungen und Instandsetzungen (Rechnungen/Nachweise über Reparatur-/Instandhaltungskosten)
- Energieausweis (siehe Seite 40)
- Wertgutachten (falls vorhanden)
- Art der Heizungsanlage und des Wärmeschutzes (Gutachten, Prüfberichte, TÜV-Bescheinigung Heizungsanlage)
- Besondere Ausstattung, zum Beispiel Sauna, elektrische Rollläden, Whirlpool, Kamin
- Zustand des Gartens und der Nebengebäude
- Lage und Verkehrsanbindung (Stadt- und Lageplan, Flurkarte)
- Informationen über nahe gelegene Schulen, Kindergärten, Einkaufsmöglichkeiten
- Grundsteuerbescheid
- Grundbuchauszug
- Bei Vermietung: Mietverträge, Mietaufstellungen/-einnahmen, Kostenaufstellung, ggf. Verwaltervertrag.

Bei einer Eigentumswohnung kommen noch folgende Unterlagen hinzu:

- Teilungserklärung
- Hausordnung
- Protokolle der letzten drei Eigentümerversammlungen

- Letzte drei Nebenkostenabrechungen
- Wirtschaftsplan für das laufende und das Folgejahr
- Aktueller Rücklagenbestand (angesparte Instandhaltungsrücklage)
- Verwaltervertrag
- Mietvertrag, falls Sie Ihre Eigentumswohnung nicht selbst bewohnen.

Der realistische Verkaufspreis

Zur Wertermittlung können vier Verfahren herangezogen werden: Das Vergleichswert-, das Sachwert-, das Ertragswert- und das Verkehrswertverfahren (siehe Seite 25).

Achten Sie darauf, dass Ihre Kaufpreisforderung marktgerecht und angemessen sein sollte. Ist der Preis zu hoch angesetzt, werden Sie Ihr Objekt kaum oder erst nach langer Zeit verkaufen können.

Verzichten Sie in Ihren Angeboten auf Zusätze zur Kaufsumme wie „VH, VHB, gegen Gebot oder Gebot erbeten". Das signalisiert Interessenten, dass Ihre Preisforderung nicht ganz ernst zu nehmen ist. Damit sprechen Sie eine Einladung zum Herunterhandeln Ihrer Preisvorstellung aus.

Immobilie aufbereiten und attraktive Fotos machen

Anhand der Fotos entscheidet ein Interessent schnell, ob die Immobilie seinen Vorstellungen entspricht oder nicht. Illustrieren Sie das Exposé deshalb mit hochwertigen Fotos von schönen Innen- und Außenaufnahmen. Sie sollten ansprechend sein und gute Stimmung vermitteln statt nur Details zu präsentieren. Dazu:

- Den richtigen Zeitpunkt wählen; möglichst Frühling, Sommer, viel einfallendes Licht. Aber: Im Winter signalisieren Fotos mit grünem Garten und bunten Beeten, dass das Objekt wohl schon länger zum Verkauf steht. Da muss dann wohl ein Haken versteckt sein.
- (Vor-)Garten bzw. Balkon oder Terrasse aufräumen (Hecken schneiden, den Rasen mähen, Beete und Wege säubern)
- Keller und Garagen aufräumen
- Eingangsbereich säubern und einladend gestalten (z. B. mit einer dekorativen Topfpflanze)
- Küche und Bad bzw. Toilette sauber und neutral halten
- In allen Räumen die sehr persönlichen Gegenstände entfernen
- Raumwände aufbereiten
- Kurz vor dem Fotografieren Fußböden pflegen
- Beim Fotografieren Räume gut ausleuchten. Alle Rollläden sollten oben sein und alle Lampen leuchten, ein Aufhellblitz kann Kontraste reduzieren.
- Aus dem richtigen Winkel fotografieren (Brust- bis Hüfthöhe, Kamera senkrecht halten, nicht kippen), kein übertriebener Weitwinkel, bei Bedarf ein Stativ verwenden.

Diese kleinen Arbeiten zahlen sich aus. Natürlich können und sollten Sie alle Fotos mit einem Bildbearbeitungsprogramm nachbearbeiten (lassen): Aufhellen, Kontraste verbessern, Horizontlinien parallel zum Bildrand ausrichten, gegebenenfalls perspektivische Verzerrungen („stürzende Linien") ausgleichen, Bilder beschneiden.

Gedrucktes Exposé selbst erstellen

Das ausführlichere Exposé wird vor der Besichtigung verschickt oder bei der Besichtigung angeboten.

Hier treffen Sie schon zu Beginn Ihrer Verkaufsbemühungen auf professionelle Konkurrenz, besonders auf Maklerfirmen mit Werbe- und Grafikfachleuten. Der zunächst einfachste Weg ist also, von anderen zu lernen.

Studieren Sie den Immobilienteil Ihrer Lokal- und einer überregionalen Zeitung wie „Die Welt", „Süddeutsche Zeitung", „Frankfurter Allgemeine Zeitung (FAZ)" oder „Die Zeit". Von Objekten, die Ihrem eigenen ähnlich sind, fordern Sie ein Exposé an, nicht nur von Privatverkäufern, sondern auch von Maklern. Deren Exposés sind in der Regel professioneller in der Gestaltung und genauer im Inhalt, also eher als Vorbild zu empfehlen. Ebenso eignet sich diese Methode für die entsprechenden Portale im Internet wie www.immowelt.de, www.immobilienscout24.de und www.immonet.de.

Suchen Sie sich nun einfach die Exposés als Vorlage aus, die Ihnen am besten gefallen und die den folgenden Kriterien und Hinweisen am meisten entsprechen.

Denken Sie an den alten Spruch: „Der Wurm muss dem Fisch schmecken, nicht dem Angler." Also beschreiben Sie Ihr Haus aus der Sicht Ihres Idealkunden! Ist es eine junge Familie mit Kindern und Hund? Ein älteres Ehepaar? Eine Alleinerziehende? Ein Rechtsanwalt oder Steuerberater, der nicht nur wohnen möchte, sondern auch ein Büro braucht mit Parkplätzen vor dem Haus? Dadurch sparen Sie sich viel Zeit und Aufwand und Sie kommen schneller ans Ziel.

Der potenzielle Käufer bekommt etwas zum Mitnehmen in die Hand und erinnert sich – dann hoffentlich möglichst gerne – an die Immobilie. Deshalb findet er auf dem Deckblatt Ihres Exposés folgende Angaben:

- Überschrift zum Objekt
- Attraktives Übersichtsfoto
- Die Adresse der Immobilie
- Ihre Kontaktdaten
- Das Datum der Exposéerstellung.

Mit einer gelungenen Überschrift ziehen Sie die Aufmerksamkeit auf sich. Eine Kombination aus Objektart und Ort ist ratsam, aber auch Beschreibungen wie „Großzügige Villa im Herzen von München-Schwabing", „Neues Townhouse in Berlin-Mitte" etc. und Schlagworte wie „provisionsfrei", „Strandperle" oder „unverbaubarer Blick ins Grüne" können die Aufmerksamkeit steigern. Bei der Exposé-Überschrift gilt: so lang wie nötig, so kurz wie möglich.

Die Überschrift im Internetexposé kann ruhig etwas länger, ausführlicher und mit

möglichst vielen Informationen gespickt sein. Der Nutzen für den Leser muss in der Überschrift sofort erkennbar sein, dann liest er den Rest. Außerdem wird Ihr Objekt mit seinen spezifischen Qualitätsmerkmalen durch die Suchmaschinen von den Kunden besser gefunden. Übrigens: Bei Annoncen in Immobilienportalen im Internet können Sie Ihre Datei mit den Druckdaten in der Regel als PDF-Datei einbinden.

Bei den Beschreibungen selbst sind allzu fantasievolle Ausschmückungen zu vermeiden. Die Informationen sollten klar, sachlich und wahr formuliert werden. Der Text muss nicht jedes Zimmer beschreiben, sondern es müssen die Hauptwohnräume, die Küche und das Bad dargestellt werden. Der Text soll dabei eine Wohnstimmung widerspiegeln und nicht nur technische Beschreibung sein. Wie kommen Formulierungen bei den Interessenten an? „Sehr gepflegter großer Garten“ könnte auf pingelige, spießige Besitzer und viel Arbeit hinweisen. „Naturnahes Grundstück“ könnte zwar ökologisch orientierte Gartenfreunde ansprechen, aber auch eine charmante Umschreibung für eine Wildnis sein. „Verkehrsgünstige Lage“ passt gut zu Verkehrslärm und Abgasen an einer Durchgangsstraße oder Kreuzung!

Emotionen und Bauchgefühl sind beim Hauskauf wichtige Kaufkriterien. Wie man inzwischen weiß, sind unterbewusste Zu- oder Abneigung sogar ganz entscheidende Kaufmotive. Gekauft werden Gefühle: Sicherheit, Geborgenheit, Wohlbefinden, Anerkennung, Neid oder Bewunderung. Achten Sie bewusst auf Werbespots von Kreditgebern im Immobilienbereich. Der Gegenstand, in diesem Fall das Haus, dient lediglich dazu, diese Gefühle zu erzeugen. Rationale Gründe werden dann hinterhergeschoben, um vor Verwandten und Freunden nicht dumm dazustehen. Ein Indiz dafür ist der oft gehörte Satz „Wir haben uns sofort in dieses Haus verliebt!“.

Kontaktaufnahme und Besichtigung

Wundern Sie sich nicht, dass oft bereits kurz nach Erscheinen Ihrer Annonce im Internet oder in der Zeitung bei Ihnen das Telefon klingelt.

Die Kontaktaufnahme von Kaufinteressenten über Telefon oder E-Mail ist ein ganz wichtiger Schritt auf dem Weg zum möglichen Verkauf Ihrer Immobilie.

Dabei darf es aber nicht bleiben. Der nächste und oft bereits entscheidende Schritt erfolgt durch die Besichtigung Ihres Hauses oder Ihrer Wohnung. Hier trennt sich unter den Kaufinteressenten die Spreu vom Weizen. Die einen sind nur „Seh-Leute", die sich möglichst viele Häuser und Wohnungen anschauen wollen – oft sogar nur aus purer Neugier.

Nur auf die anderen, ernsthafteren Kaufinteressenten kommt es für Sie an. Verzetteln Sie sich daher nicht mit Besichtigungen am laufenden Band und einer Unzahl von Besuchern, sondern konzentrieren Sie sich bereits bei der ersten Kontaktaufnahme per Telefon oder E-Mail auf die nach Ihrer Ansicht echten Kaufinteressenten.

Kontaktaufnahme

Bieten Sie eine interessante Immobilie in begehrter Wohnlage an, lassen die ersten Anrufe nicht lange auf sich warten. Planen Sie ein, dass Sie oder ein Familienmitglied nach Erscheinen der Anzeige im Internet oder in der Tageszeitung telefonisch über die angegebene Festnetz- oder Handynummer erreichbar sind. Schaltet sich nur der Anrufbeantworter ein, macht dies auf Anrufer einen eher schlechten Eindruck.

Wenn Sie in Ihrer Annonce die genaue Anschrift Ihres Hauses oder Ihrer Wohnung nicht angegeben haben, lautet nach der Feststellung „Ich habe Ihre Anzeige bei .... gelesen" meist die erste forsche Frage: „Können Sie mir sagen, wo Ihr Haus (beziehungsweise Ihre Wohnung) liegt?" Da Sie nicht wissen, mit welchem Anrufer Sie es zu tun haben, antworten Sie am besten: „Gern, wenn Sie mir Ihre Anschrift mitteilen. Ich schicke Ihnen dann ein ausführliches Exposé zu, dem Sie auch die genaue Lage mit Adresse entnehmen können."

Wollen Sie eine vermietete Eigentumswohnung verkaufen, ist diese erhöhte Vorsicht aber eigentlich fehl am Platze. Sie sollten Straße und Hausnummer bereits in der Internetanzeige angeben, damit Interessenten schon einmal am Haus vorbeifahren

Telefonservice
Schreiben Sie die wichtigsten Vereinbarungen mit Interessenten auf.

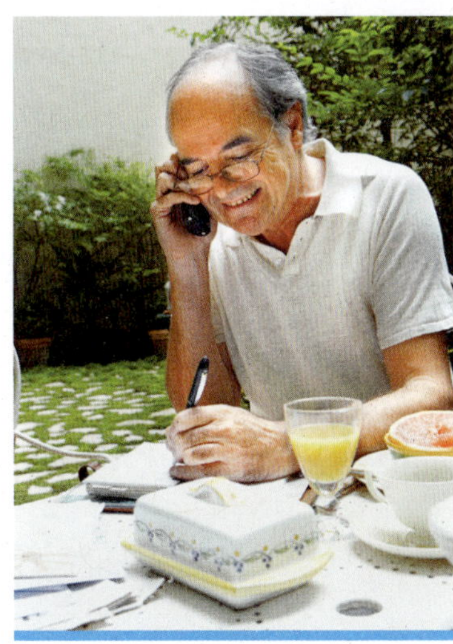

oder bereits selbst eine Außenbesichtigung vornehmen können.

Die wichtigste Frage von Anrufern lautet: „Wann kann ich das Haus (beziehungsweise die Wohnung) besichtigen?" Sie können Ihrem Anrufer die Wahl zwischen zwei Ihnen geeigneten Terminen lassen oder höflich zurückfragen: „Wann würde es denn Ihnen am besten passen?" Geeignete Besichtigungstermine sind am Wochenende (zum Beispiel Samstagnachmittag) oder am Mittwochnachmittag, wenn da lokale Zeitungen oder Anzeigenblätter mit Immobilienteil erscheinen. Wenn dann auch noch das Wetter mitspielt und die Sonne scheint, war die Terminvereinbarung perfekt.

Falls Sie einen Besichtigungstermin telefonisch oder per E-Mail vereinbart haben, sollten Sie sich auf jeden Fall noch rückversichern mit der Frage: „Könnten Sie mich rechtzeitig informieren, wenn Ihnen etwas dazwischenkommt?". Selbstverständlich versichern Sie dem Interessenten im Gegenzug, dass Sie ihn bei eigenen Terminschwierigkeiten ebenso telefonisch verständigen werden.

Weitere Fragen von Anrufern zur Immobilie oder zum Bezugstermin bei geplanter Selbstnutzung sollten Sie selbstverständlich beantworten. Bei sehr aussagekräftigen Internetannoncen mit Fotos und Grundrisszeichnungen bleiben solche Fragen aber oft aus.

Am Schluss des Telefonats sollten Sie noch die Frage stellen: „Suchen Sie für sich selbst oder für andere?" Meist können Sie schon anhand der Antwort erfahren, wo die wirklichen Interessen liegen.

Auf jeden Fall sollten Sie eine Liste erstellen, in der Sie alle Anrufer mit Anschrift und Telefonnummer sowie die vereinbarten Besichtigungstermine festhalten. Beim Verkauf eines Hauses mit zwei oder mehreren Besichtigungsterminen am gleichen Tag sollten Sie jeweils 30 bis 60 Minuten zwischen zwei aufeinanderfolgende Termine legen. Wollen Sie eine vermietete Eigentumswohnung verkaufen, und ist Ihr Mieter beim Besichtigungstermin selbst anwesend, reichen 30 Minuten meist aus.

Leider müssen Sie immer damit rechnen, dass der eine oder andere Interessent zum

Besichtigung
Die vorbereiteten Unterlagen helfen, Fragen schnell zu beantworten.

Besichtigungstermin gar nicht erscheint und Ihnen den Grund weder vorher noch nachher mitteilt. Diese angeblichen Interessenten können Sie getrost aus Ihrer Liste streichen.

Sicherlich werden Sie nach einigen Tagen auch Anrufe von Immobilienmaklern erhalten, die ihre Dienste mit dem Hinweis „Für Sie entsteht im Erfolgsfall keine Provision" anbieten. Sagen Sie diesen Maklern, dass Sie Ihr Glück zunächst auf eigene Faust versuchen wollen. Wenn Ihre Anzeige auch noch in einem Monat platziert sei, könnten sie sich noch einmal melden. Makler von vornherein auszuschließen ist nicht empfehlenswert. Schließlich wissen Sie am Anfang nicht, ob sich bei der Selbstvermarktung tatsächlich der gewünschte Erfolg einstellt.

Freuen Sie sich über eine große Resonanz von privaten Interessenten. Es macht aber wenig Sinn, alle Interessenten (also auch Hinz und Kunz) zu Haus- oder Wohnungsbesichtigungen einzuladen oder möglicherweise sogar Massenbesichtigungen mit mehreren Besuchern zugleich zu veranstalten.

Ist die Resonanz in der ersten Woche sehr gering oder bleibt sie ausnahmsweise völlig aus, sollten Sie selbstkritisch die möglichen Gründe erforschen. War Ihre Preisforderung überzogen? Haben Sie in den falschen Medien geworben? Waren Sie unter der angegebenen Telefonnummer nicht erreichbar und lief dauernd der Anrufbeantworter?

Viele Kontaktanrufe können nerven, weil sie Ihnen auch Zeit stehlen. Gar kein Anruf ist aber noch ärgerlicher.

Die erste Besichtigung

Bei der Besichtigung Ihres Hauses oder Ihrer Eigentumswohnung sollten Sie sich immer in die Rolle der Kaufinteressenten versetzen. Was sehen deren Augen sofort, was bleibt als erster Eindruck haften? Es versteht sich von selbst, dass ein ungepflegtes Haus oder eine unaufgeräumte Wohnung die Besucher abstößt.

Präsentieren Sie also Haus oder Wohnung von der besten Seite. Falls Haus oder Wohnung noch vermietet sind, sollten Sie behutsam auf Ihren Mieter einwirken, dass er sich auf die Besichtigung „seiner" Wohnung ebenso vorbereitet. Nach Möglichkeit sollten Sie die Besichtigung der Kaufinteressenten gemeinsam mit Ihrem Mieter vornehmen.

Eine Hausführung sollten Sie nicht wie manche Stadt- oder Museumsführung gestalten und pausenlos auf die Besucher einreden. Allerdings empfiehlt es sich, nach dem Motto „Wer vorgeht, führt" jeweils vorzugehen und die Besichtigung so weit wie möglich nach Ihrem Konzept durchzuführen.

Beim Hausrundgang bietet sich beispielsweise zu Beginn eine Außenbesichtigung mit Garten, Terrasse und Balkon an. Dann kommen Schlaf-, Arbeits- und Kinderzimmer sowie Bad, eventuell Gäste-WC und Balkon dran. Bevor Sie mit Ihren Interessenten in die gute Stube, sprich Wohn- und Esszimmer nebst Küche gehen, sollten Sie noch kurz die Kellerräume zeigen.

Machen Sie auf keinen Fall den Fehler, jeden einzelnen Raum beim Eintreten noch vorzustellen wie „Dies ist das Bad" oder „Jetzt kommen wir ins Schlafzimmer". Jeder Besucher kann mit eigenen Augen sehen, wofür sich die Räume am besten eignen.

Erzählen Sie auch keine Geschichten rund um Haus oder Wohnung. Das interessiert Ihre Besucher in der Regel wenig. Wichtiger ist es, Ihre Besucher zum Fragen zu bringen. Zum Beispiel mit dem Satz: „Scheuen Sie sich nicht, Fragen zu stellen. Ich werde mich bemühen, jede Frage zu beantworten."

Am Ende des Hausrundgangs sollten Sie im Wohn- oder Esszimmer angekommen sein. Der Duft von frisch aufgebrühtem Kaffee sollte durch die gute Stube wehen. Bitten Sie insbesondere ernsthafte Kaufinteressenten, doch für eine Weile Platz zu nehmen. Sie können ihnen nun das ausführliche Exposé überreichen, sofern es ihnen noch nicht bekannt ist.

Weisen Sie Ihre Kaufinteressenten darauf hin, dass Sie weitere von ihnen gewünschte Unterlagen gern besorgen oder gar griffbereit in Kopie überreichen können (zum Beispiel Baupläne oder Baubeschreibungen).

Bei der Besichtigung einer Eigentumswohnung nebst Kellerräumen sind vor allem Hinweise auf Teilungserklärung, letzte Verwalterabrechnung und Protokolle der drei letzten Eigentümerversammlungen sinnvoll. Ihr Interessent soll wissen, dass Sie nichts zu verheimlichen haben und alle notwendigen Unterlagen präsentieren können.

Unabhängig davon, ob Sie Ihr bisher selbst bewohntes Haus, Ihre selbst genutzte oder Ihre vermietete Eigentumswohnung oder eine andere Immobilie verkaufen wollen, müssen Sie sich auf zwei Fragen von Kaufinteressenten immer gefasst machen.

Die erste Frage „Ist beim Preis noch etwas zu machen?" stellt fast jeder Interessent. Immer noch herrscht die Meinung vor, man könne problemlos bis zu 10 Prozent oder noch mehr vom Angebotspreis herunterhandeln. Weichen Sie der Antwort auf diese „Preisfrage" nicht völlig aus. Machen Sie

So lesen Sie einen Grundrissplan

Bauzeichnungen stammen aus verschiedenen Bundesländern (Landesbauordnungen) und unterschiedlichen Jahrzehnten mit den jeweiligen Vorschriften, deshalb sind nie alle gleich. Die Symbole in den Plänen sind in der jeweiligen Bauordnung festgelegt und deren Verwendung richtet sich nach dem Planungsstadium. Welche Symbole in der Legende erklärt werden, bestimmt der Zeichnungsersteller, je nachdem, was auf den Zeichnungen verwendet wird.

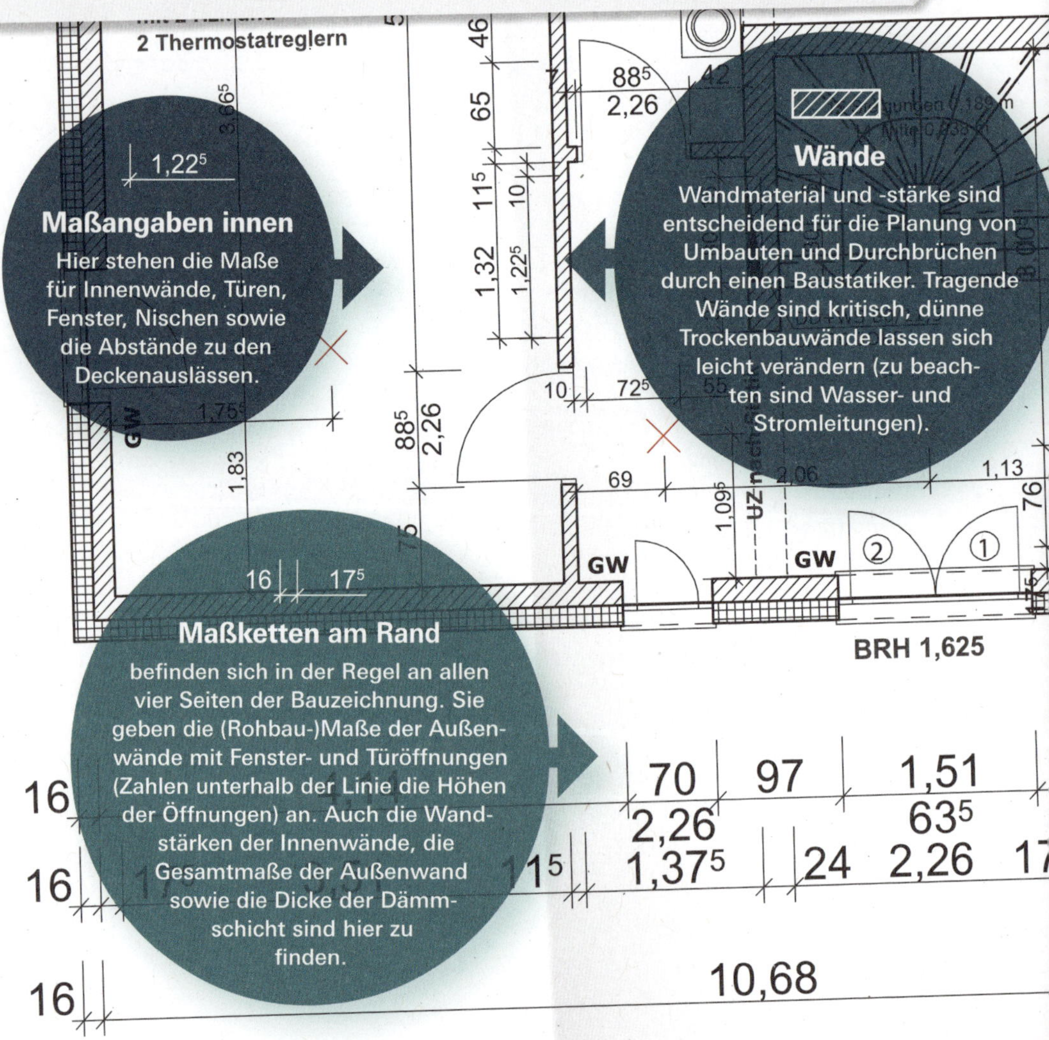

2 Thermostatreglern
1,22⁵
Maßangaben innen
Hier stehen die Maße für Innenwände, Türen, Fenster, Nischen sowie die Abstände zu den Deckenauslässen.
Wände
Wandmaterial und -stärke sind entscheidend für die Planung von Umbauten und Durchbrüchen durch einen Baustatiker. Tragende Wände sind kritisch, dünne Trockenbauwände lassen sich leicht verändern (zu beachten sind Wasser- und Stromleitungen).
GW
GW
GW
BRH 1,625
16 17⁵
Maßketten am Rand
befinden sich in der Regel an allen vier Seiten der Bauzeichnung. Sie geben die (Rohbau-)Maße der Außenwände mit Fenster- und Türöffnungen (Zahlen unterhalb der Linie die Höhen der Öffnungen) an. Auch die Wandstärken der Innenwände, die Gesamtmaße der Außenwand sowie die Dicke der Dämmschicht sind hier zu finden.
70 97 1,51
2,26 63⁵
1,37⁵ 24 2,26
10,68

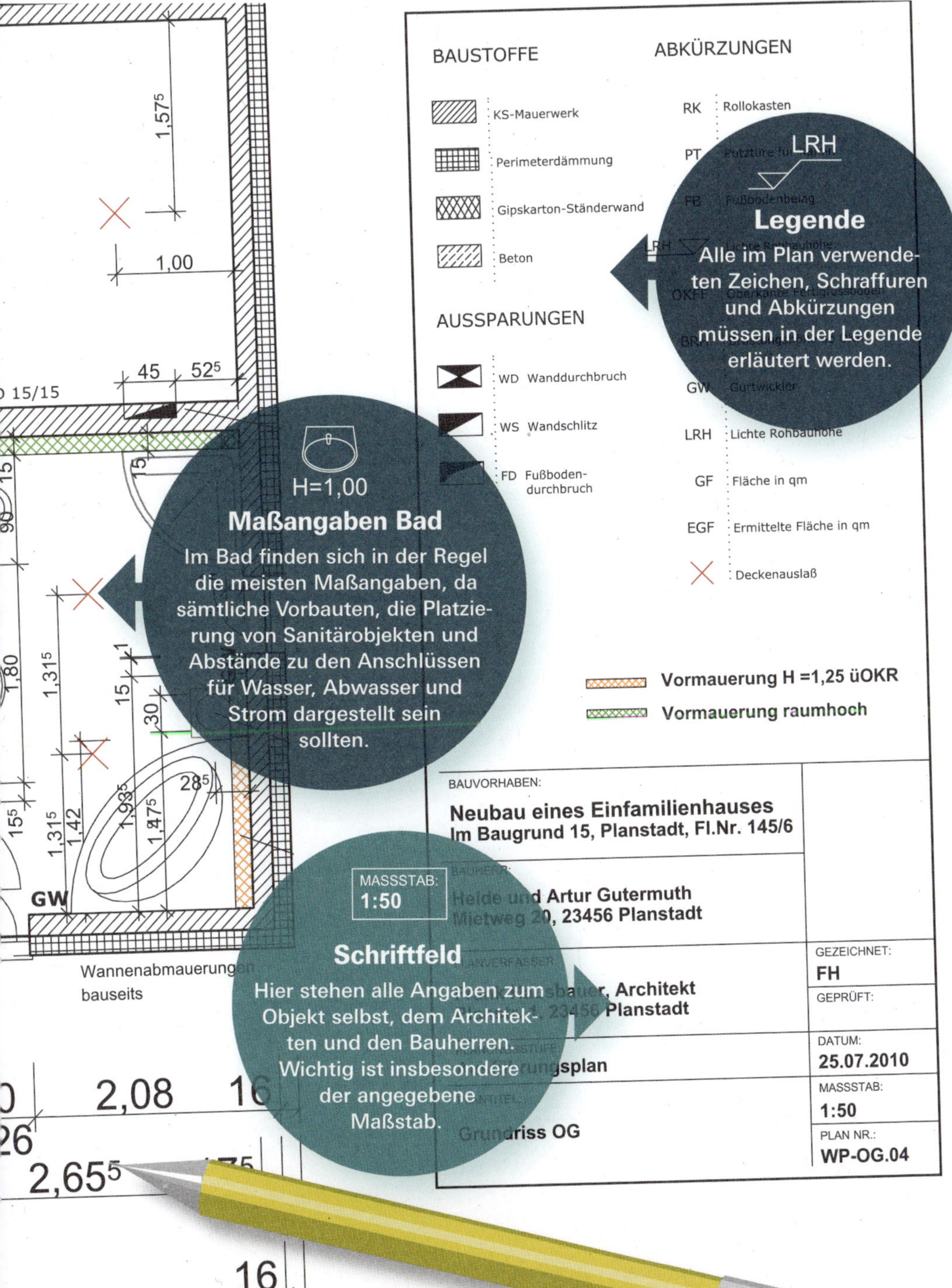

BAUSTOFFE
KS-Mauerwerk
Perimeterdämmung
Gipskarton-Ständerwand
Beton
AUSSPARUNGEN
WD Wanddurchbruch
WS Wandschlitz
FD Fußboden-durchbruch
ABKÜRZUNGEN
RK Rollokasten
GW Gurtwickler
LRH Lichte Rohbauhöhe
GF Fläche in qm
EGF Ermittelte Fläche in qm
Deckenauslaß
Vormauerung H =1,25 üOKR
Vormauerung raumhoch
BAUVORHABEN:
Neubau eines Einfamilienhauses
Im Baugrund 15, Planstadt, Fl.Nr. 145/6
Heide und Artur Gutermuth
Mietweg 20, 23456 Planstadt
, Architekt
Planstadt
GEZEICHNET:
FH
GEPRÜFT:
DATUM:
25.07.2010
MASSSTAB:
1:50
PLAN NR.:
WP-OG.04
Grundriss OG
Wannenabmauerungen bauseits
GW
LRH
Legende
Alle im Plan verwendeten Zeichen, Schraffuren und Abkürzungen müssen in der Legende erläutert werden.
H=1,00
Maßangaben Bad
Im Bad finden sich in der Regel die meisten Maßangaben, da sämtliche Vorbauten, die Platzierung von Sanitärobjekten und Abstände zu den Anschlüssen für Wasser, Abwasser und Strom dargestellt sein sollten.
MASSSTAB:
1:50
Schriftfeld
Hier stehen alle Angaben zum Objekt selbst, dem Architekten und den Bauherren. Wichtig ist insbesondere der angegebene Maßstab.

Checkliste

Käuferauswahl

Hier für Ihren Überblick die wichtigsten Punkte für die Käuferauswahl zusammengefasst:

Erstbesichtigungen

- ☐ Haben Sie Besichtigungstermine in einem zeitlichen Abstand von 30 bis 60 Minuten vereinbart?
- ☐ Haben Sie für eine angenehme Gesprächsatmosphäre gesorgt?
- ☐ Präsentieren Sie Ihr Objekt so, dass der erste und der letzte Eindruck bei der Besichtigung besonders positiv ausfällt?
- ☐ Können Sie ernsthaften Kaufinteressenten schriftliche Objektinfos (Exposé, Grundrisszeichnung, Wohnflächenberechnung, Energieausweis etc.) aushändigen?
- ☐ Führen Sie das Kontaktgespräch mit Interessenten, ohne selbst viel zu reden?
- ☐ Stellen Sie Fragen? (Motto: Wer fragt, führt.)

Zweitbesichtigungen und Abschlussgespräche

- ☐ Möchten ernsthafte Kaufinteressenten Ihr Objekt ein zweites Mal besichtigen?
- ☐ Haben Sie Kaufinteressenten nach einer Zweitbesichtigung ein persönliches Gespräch über die Modalitäten des Kaufs vorgeschlagen?
- ☐ Haben Sie sich beim Kaufinteressenten nach der Finanzierung erkundigt und ihn gegebenenfalls um Vorlage einer vorläufigen Darlehenszusage seiner Bank gebeten?

Reservierungsvereinbarung

- ☐ Haben Sie mit Ihrem Kaufanwärter eine private Reservierungsvereinbarung getroffen und eine entsprechende Reservierungsgebühr erhalten?
- ☐ Oder sind Sie auch ohne Reservierungsvereinbarung sicher, dass Ihr Kaufanwärter vor dem Notartermin nicht mehr abspringt?

Der zweite Termin
Hier darf auch schon konkret über Finanzielles gesprochen werden.

aber deutlich, dass sich Ihre Preisvorstellung am ortsüblichen Markpreis für vergleichbare Objekte orientiert. Bieten Sie Ihren Kaufinteressenten an, sich selbst ein Bild über Vergleichspreise zu machen, und schließen Sie einen kleinen Preisnachlass nicht für alle Fälle aus. Ihre Preisuntergrenze sollte bei 3 bis maximal 5 Prozent unter dem Angebotspreis liegen.

Die zweite Frage „Warum wollen Sie verkaufen?" zielt auf die Gründe für Ihren Verkauf. Diese Frage sollten Sie plausibel, wahrheitsgemäß und umgehend beantworten (zum Beispiel Alters-, Krankheits- oder Scheidungsgründe).

Was Kapitalanleger wissen wollen: Ist Ihre Eigentumswohnung vermietet und Ihr Mieter bei der Besichtigung mit dabei, lassen Sie Fragen von Kaufinteressenten an Ihren Mieter wie „Wie lange wohnen Sie schon hier? Fühlen Sie sich wohl? Und wie lange wollen Sie hier noch wohnen bleiben?" auf jeden Fall zu. Der Kapitalanleger wünscht sich selbstverständlich einen zufriedenen und solventen Mieter, den er durch Eintritt in das laufende Mietverhältnis nach dem Grundsatz „Kauf bricht nicht Miete" von Ihnen sozusagen übernimmt.

Lassen Sie einen interessierten Kapitalanleger daher auch Einsicht nehmen in den laufenden Mietvertrag einschließlich letztem Mieterhöhungsschreiben. Erläutern Sie ihm auf Nachfrage die Höhe der aktuellen Nettokaltmiete, die auf den Mieter umlegbaren Kosten, die nicht umlagefähigen Verwaltungs- und Instandhaltungskosten sowie den aktuellen Stand der Instandhaltungsrücklage.

Auch den Namen des Hausverwalters sollten Sie auf Wunsch nennen. Sagen Sie dem am Kauf Ihrer vermieteten Eigentumswohnung interessierten Kapitalanleger, dass er sich dort unter Berufung auf Sie weitere Unterlagen ansehen kann.

Nach etlichen Besichtigungsterminen wird sich bei Ihnen ein „Bauchgefühl" einstellen, welcher Kaufinteressent sich wohl letztlich als Käufer herausstellen wird.

Ein fast untrügliches Zeichen ist es, wenn ein ernsthafter Kaufinteressent Sie um eine zweite Besichtigung Ihres Hauses oder Ihrer Wohnung bittet. Sei es, dass er mit dem Zoll-

HÄTTEN SIE'S GEWUSST?

Beim Verkauf von privat an privat ist ein **Kauf ohne Besichtigung** eigentlich undenkbar.

Unglaublich, aber wahr: Gegen diese Regel verstoßen auch heute noch naive und gutgläubige Käufer, die über unseriöse Vermittler angeblich gut vermietete Eigentumswohnungen kaufen, ohne sie vorher auch nur einmal gesehen zu haben.

Fast immer handelt es sich dabei um völlig überteuerte Schrottimmobilien, die sonst kein Mensch mit gesundem Menschenverstand erwerben würde.

Um es einmal überspitzt zu formulieren: „Da kaufen Leute Wohnungen, die sie nicht brauchen, von dem Geld, was sie nicht haben, um Gewinne einzufahren, was sie nicht können."

stock noch einige Zimmer ausmessen oder mit einem befreundeten Architekten sich noch einmal das Haus ganz genau „vom Keller bis zum Dach" ansehen will.

Im Bestfall kommen am Ende zwei oder drei ernsthafte Kaufinteressenten in die engere Wahl. Selbstverständlich reicht es völlig aus, wenn nur ein einziger Käufer übrig bleibt. Sie können und wollen Ihre Immobilie ja schließlich nur einmal verkaufen.

Nicht selten ist dies der allererste Interessent, der sich auf Ihre Anzeige im Internet oder in der Tageszeitung gemeldet hat. Er wird meist mitbekommen, dass noch weitere Besichtigungen stattfinden werden. Wenn er in der Zwischenzeit keine bessere Immobilie gefunden hat, will er nun „Nägel mit Köpfen machen". Dafür nimmt er dann auch eventuelle kleinere Mängel oder Nachteile in Kauf.

Besichtigungen von Haus oder Wohnung sind in gewisser Weise das Salz in der Suppe. Es gilt für Selbstnutzer und Kapitalanleger nun einmal die eiserne Regel: „Ohne Besichtigung kein Kauf!"

Preisverhandlung und Verkaufsgespräch

Mit der Verhandlung über den Preis und das anschließende Verkaufs- beziehungsweise Abschlussgespräch mit ernsthaften Kaufinteressenten tritt der Verkauf in die entscheidende Phase.

Es geht für Sie darum, den Verkauf nicht am Knackpunkt Preis oder bei anderen Punkten wie dem noch zu vereinbarenden Tag der wirtschaftlichen Übergabe bei künftiger Selbstnutzung scheitern zu lassen.

Die Preisverhandlung

Ein Preispoker wird von ernsthaften Kaufinteressenten mit dem typischen Einwand „Mir erscheint der Preis zu hoch", „Das Haus ist aber zu teuer" oder „Das liegt ein bisschen über meinem Limit" eröffnet. Dies sollte Sie aber nicht irritieren. „Zu teuer" heißt zunächst einmal, dass Ihr potenzieller Käufer noch nicht bereit ist, den geforderten Preis zu zahlen. Ein anfängliches Nein zum Preis muss aber nicht das Ende jeder Preisverhandlung sein.

Die tatsächliche Preisverhandlung beginnt ja erst mit dem vorläufigen Nein des Interessenten. Falls Sie keinen anderen Kaufinteressenten in der Hinterhand haben, sollten Sie sich behutsam auf einen Preispoker einlassen.

Beispiel: Sie haben den Preis für eine gut vermietete Eigentumswohnung mit einer Wohnfläche von 80 Quadratmetern auch aus preispsychologischen Gründen bei 198 000 und nicht bei 200 000 Euro angesetzt. Den Kaufpreis für die Eigentumswohnung auf beispielsweise nur 190 000 Euro beziehungsweise 2 375 Euro pro qm Wohnfläche senken Sie nicht – mit der Begründung, dass ortsübliche Quadratmeterpreise für vergleichbare Eigentumswohnungen in den weitaus meisten Fällen schon deutlich über diesen 2 375 Euro l liegen und in Ihrem Kaufpreis noch eine angesparte Instandhaltungsrücklage von beispielsweise 1 500 Euro enthalten sei.

Außerdem liege die tatsächliche Mietrendite für die reine Wohnung angesichts einer Jahresnettokaltmiete von 9 900 Euro (= monatliche Nettokaltmiete 825 Euro x 12 Monate) bereits bei hohen 5 Prozent, was in Düsseldorf sonst kaum noch zu erzielen sei.

Allerdings wollen Sie dem Interessenten entgegenkommen und mit ihm über den zusätzlichen Preis von 10 000 Euro für den Tiefgaragen-Stellplatz sprechen. Da sei noch ein bisschen Luft nach unten möglich. Bei einem Stellplatzpreis von nur 8 000 Euro und einer monatlichen Stellplatzmiete von 50 Euro würde die darauf entfallende Rendite sogar auf 7,5 Prozent steigen.

Darauf könnte der Kaufinteressent dann eingehen und einen Gesamtpreis von 206 000 Euro akzeptieren. Stolz würde er Freunden berichten, dass er den Kaufpreis heruntergehandelt habe. Andererseits haben Sie gegenüber Ihrem Angebotspreis von 198 000 plus 10 000 Euro für den TG-Stellplatz nur um 2 000 Euro beziehungsweise um gerade einmal ein Prozent nachgegeben, was von Ihnen sicherlich gut zu verschmerzen wäre.

„Preisdrücker“ erkennen Sie daran, dass sie erst zum Schluss der Besichtigung oder in einem Telefonat wenige Tage später den Preis ins Spiel bringen, wenn es also für sie zur Sache geht. Falls der Einwand „zu teuer“ hartnäckig vorgetragen wird, sollten Sie nicht rechthaberisch und wortreich Ihren Angebotspreis verteidigen, sondern mit Gegenfragen reagieren wie „Worauf beziehen Sie Ihre Feststellung?“ oder „Im Verhältnis wozu ist der Preis nach Ihrer Ansicht zu hoch?“

Den Antworten auf Ihre Gegenfrage können Sie möglicherweise schon entnehmen, welche Preisvorstellung Ihr Gegenüber hat. Falls nicht, stellen Sie ihm vielleicht die ganz direkte Gegenfrage: „Wie viel sind Sie denn bereit zu zahlen?“

Wenn Ihr Kaufinteressent dann einen Preis nennt, der mehr als 10 Prozent von Ihrem Angebotspreis abweicht, sollten Sie dazu ein unmissverständliches „Nein“ aussprechen. Liegt der gewünschte „Preisrabatt“ jedoch bei höchstens 10 Prozent, lohnt es sich, weiter zu verhandeln.

Preisverhandlungen mit und ohne Erfolg

Die beiden folgenden Zahlenbeispiele zeigen Ihnen, wie Preisverhandlungen zum Erfolg führen (1. Beispiel) oder auch nicht (2. Beispiel).

1. Beispiel (mit Erfolg)

Ihr Angebotspreis:	198 000 Euro
Gegenangebot des Käufers:	190 000 Euro
Ihr Gegenangebot:	196 000 Euro
Mittelwert aus den beiden Gegenangeboten:	**193 000 Euro**
Einigung auf einen Preis auf	193 000 Euro

Fazit: Preis liegt 2,5 Prozent unter erstem Angebotspreis.

2. Beispiel (ohne Erfolg)

Ihr Angebotspreis:	198 000 Euro
Gegenangebot des Käufers:	170 000 Euro
Ihr Gegenangebot:	190 000 Euro
Erneutes und „letztes“ Gegenangebot des Käufers:	**175 000 Euro**

Abbruch der Preisverhandlung, hier gibt es keine Aussicht auf Einigung, da das letzte

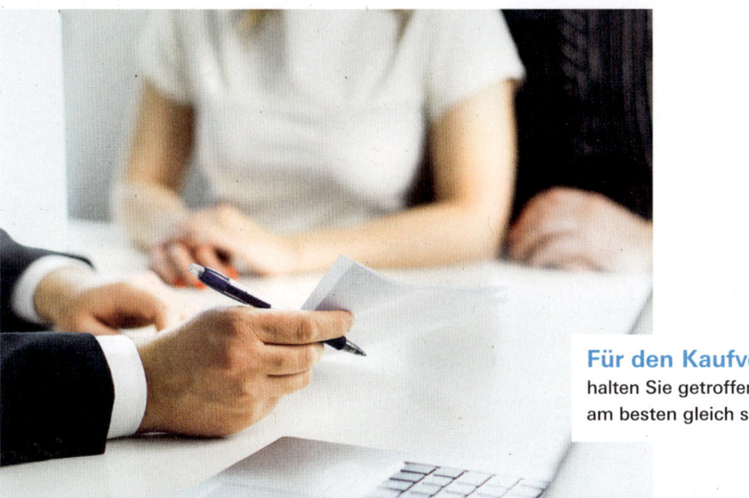

Für den Kaufvertrag halten Sie getroffene Absprachen am besten gleich schriftlich fest.

Gegenangebot des Käufers immer noch 12 Prozent unter Ihrem ursprünglichen Angebotspreis liegt.

Sie haben es nicht nötig, Ihre zu einem fairen Marktpreis angebotene Immobilie weit unter ihrem Wert zu verkaufen. Setzen Sie in einem solchen Fall Ihre Verkaufsaktivitäten fort und erteilen Sie dem Preisdrücker eine Absage.

Auch völlig andere Preissituationen sind denkbar. Wenn beispielsweise mehrere ernsthafte Kaufinteressenten Ihr Haus oder Ihre Wohnung erwerben wollen, bietet der eine oder andere möglicherweise noch mehr als den Angebotspreis. Dieses Übergebot dürfen Sie akzeptieren, da Ihr Angebotspreis ja noch nicht vertraglich festgezurrt wurde und daher jederzeit nach unten oder wie hier auch nach oben verändert werden kann.

→ Vorsicht Falle: Kein Handgeld in bar

Bei Übergeboten in einem sehr frühen Stadium sollten Sie sich nicht zu früh freuen. Nehmen Sie solche Bieter sehr genau unter die Lupe! Dies gilt vor allem für den Fall, dass man Ihnen neben Ihrem Angebotspreis noch ein „Handgeld" von einigen tausend Euro in bar verspricht (sogenannte baT-Methode = „bar auf Tatze"). Meist sollen damit Schwarzgeschäfte angeleiert oder sogar Schwarzgeld gewaschen werden.

Ein später notariell abgeschlossener Kaufvertrag ist aber ungültig, falls diesem ein Schwarzgeschäft zugrunde lag. Sie müssen immer damit rechnen, dass solch ein Schwarzgeschäft später auffliegt. Ist der „Schwarzkäufer" noch nicht als neuer Eigentümer im Grundbuch eingetragen, wird der Kaufvertrag rückabgewickelt, und Sie müssen wie beim Monopoly zurück auf Los gehen.

Das Verkaufsgespräch

Sind Sie sich mit Ihrem potenziellen Käufer über den Preis einig geworden, haben Sie die wichtigste Verkaufshürde bereits überwunden. Nun geht es im Verkaufs- oder Abschlussgespräch vor allem um die Frage, zu welchem Termin der Besitz von Haus oder Wohnung auf den Käufer übergehen soll.

Für künftige Selbstnutzer ist der Tag der Besitzübergabe (rechtlich „Übergabe von Nutzen und Lasten" genannt) naturgemäß besonders wichtig. Sie können sich dann auf diesen Tag einrichten und für die Zeit nach der notariellen Beurkundung des Kaufvertrags bereits geeignete Vorbereitungen (zum Beispiel Kündigung ihres laufenden Mietvertrags) treffen.

Wenn Haus oder Eigentumswohnung noch von Ihnen bewohnt sind, ist der Tag der Besitzübergabe gleichbedeutend mit Ihrem Auszug spätestens einen Tag vor dem Termin. Ist die Eigentumswohnung noch vermietet, kann eine vom Käufer geplante Selbstnutzung nur ab dem Tag der Besitzübergabe erfolgen, der dem Auszug des Mieters laut Kündigungsschreiben oder schriftlichem Mietaufhebungsvertrag folgt.

Liegen weder Kündigung noch Mietaufhebungsvertrag vor, steigt der Käufer am Tag der Übergabe zunächst nur in das laufende Mietverhältnis nach dem Grundsatz „Kauf bricht nicht Miete" ein. Eine spätere Selbstnutzung wegen Eigenbedarfs würde eine Kündigung durch den Käufer und neuen Eigentümer voraussetzen, sofern der Mieter nicht selbst eines Tages unter Einhaltung der Kündigungsfrist von drei Monaten kündigt.

Ob Ihr Käufer mit der geplanten Eigenbedarfskündigung Erfolg hat, steht auf einem ganz anderen Blatt. Als Verkäufer sollten Sie ihm raten, dieses Risiko mit einem Anwalt zu besprechen. Keinesfalls sollten Sie ihm sagen, dass eine Kündigung wegen Eigenbedarfs heutzutage problemlos sei.

Vergessen Sie im Abschlussgespräch auf keinen Fall Ihr Risiko, dass der Käufer den Kaufpreis wegen einer geplatzten Finanzierung nicht zahlen kann. Da Kaufinteressenten von sich aus Ihnen gegenüber nur selten über ihre beabsichtigte Finanzierung sprechen, sollten Sie hier selbst die Initiative ergreifen und behutsam dieses Thema angehen mit Fragen wie „Haben Sie wegen Ihrer Finanzierung schon Kontakt mit Ihrer Bank aufgenommen?" oder „Liegt Ihnen eine vorläufige Darlehenszusage Ihrer Bank bereits vor?"

Wenn Ihr Kaufinteressent bei diesen Fragen völlig ausweicht, ist Vorsicht geboten. Sie sollten im Vorfeld alles dafür tun, dass die spätere Zahlung des Kaufpreises auch gesichert ist. Bitten Sie Ihren Käufer daher darum, Ihnen eine vorläufige Darlehenszusage zu übersenden. Im Bestfall überlässt er Ihnen sogar das konkrete Darlehensangebot seiner Bank oder den bereits von der Bank unterschriebenen Darlehensvertrag.

Auf Nummer sicher gehen Sie, wenn Ihnen tatsächlich der von Bank und Käufer unterschriebene Darlehensvertrag vorliegt. Dies wird Ihnen aber meist nur in Ausnahmefällen gelingen.

Einigung und notarieller Kaufvertrag

Wenn Sie sich mit Ihrem Kaufinteressenten über den Preis und alle anderen wichtigen Punkte geeinigt haben, wird es Zeit für den Abschluss eines entsprechenden notariellen Kaufvertrags.

Sie haben sich mit Ihrem Kaufinteressenten geeinigt und diese Einigung möglicherweise durch einen Handschlag besiegelt. Immobilienkäufe per Handschlag sind rechtlich aber unwirksam, sie haben nur symbolische Wirkung.

Die Interessen der künftigen Vertragsparteien sind aber klar. Der künftige Käufer möchte sichergehen, dass der Verkäufer seine Immobilie zwischenzeitlich nicht an einen anderen verkauft, der ihm beispielsweise mehr Geld bietet. Andererseits wollen Sie sich davor schützen, dass es sich Ihr potenzieller Käufer noch einmal anders überlegt und vor dem Notartermin abspringt. Da ein Notartermin meist nicht von heute auf morgen zu bekommen ist, sollten Sie und Ihr künftiger Käufer die Zeit bis dahin mit einer schriftlichen Privatvereinbarung überbrücken.

Reservierungsvereinbarung

Eine empfehlenswerte Lösung besteht darin, die mündlich erfolgte Einigung in einer Kaufabsichtserklärung beziehungsweise Reservierungsvereinbarung festzuhalten.

Der künftige Käufer erklärt sich darin bereit, die Immobilie zu dem vereinbarten Kaufpreis zu erwerben und auf seine Kosten einen Notar mit der Beurkundung des Kaufvertrags zu beauftragen. Im Gegenzug verpflichten Sie sich als Verkäufer, auf weitere Werbung per Internet- oder Zeitungsannoncen zu verzichten und Ihre Immobilie an keinen anderen zu verkaufen.

Das Risiko, dass Ihr künftiger Käufer dennoch abspringt und Sie daher erneut Kaufinteressenten suchen müssen, möchten Sie durch Vereinbarung einer pauschalen Reservierungsgebühr zumindest minimieren. Diese Gebühr von beispielsweise 3000 oder 5000 Euro sollte auf jeden Fall deutlich unter einer Maklerprovision liegen, um sich nicht dem Vorwurf des Abkassierens auszusetzen. Und nach Abschluss des notariellen Kaufvertrags erhält Ihr Käufer die Reservierungsgebühr in bar oder per Überweisung zurück. Eine direkte Anrechnung auf den Kaufpreis ist rechtlich nicht statthaft.

Nur für den Fall, dass ein notarieller Kaufvertrag nicht zustande kommt, können Sie die Reservierungsgebühr mit den Ihnen

Mustertext

Reservierungsvereinbarung

Objekt

Bezeichnung: ....

Anschrift: ....

Flur/Flurstück: ....

Eigentümer: ....

Kaufpreis: (in tausend Euro, in Worten): ....

Datum der Übergabe des Objekts: ....

Kaufinteressent

Name(n): ....

Anschrift: ....

Tel. und E-Mail: ....

Eigentümer und Verkäufer

Name(n): ....

Anschrift: ....

Tel. und E-Mail: ....

Zwischen dem Kaufinteressenten (im Folgenden mit K bezeichnet) und dem (den) Eigentümer(n) beziehungsweise Verkäufer(n) (im Folgenden mit V bezeichnet) wurde heute folgende

Reservierungsvereinbarung

geschlossen:

K zahlt eine pauschale Reservierungsgebühr von € .... (in Worten ....) per Überweisung auf den vereinbarten Kaufpreis.

V verpflichtet sich, das oben genannte Objekt für K zu reservieren und sämtliche weitere Verkaufsaktivitäten (zum Beispiel Inserate im Internet und in der Zeitung) nach Erhalt der Reservierungsgebühr umgehend einzustellen.

Die notarielle Beurkundung des Kaufvertrags soll in der .... Kalenderwoche des Jahres .... erfolgen, spätestens bis zum .... K beauftragt einen Notar seiner Wahl mit der Erstellung eines Kaufvertragsentwurfs und der Beurkundung des Kaufvertrags.

Sollte der notarielle Kaufvertrag nicht zustande kommen, wird die oben genannte Reservierungsgebühr mit den Mehrkosten, die V durch die anderweitige Vermarktung entstehen, verrechnet. Falls die Mehrkosten die pauschale Reservierungsgebühr übersteigen, werden sie von K nicht erstattet.

Kommt der notarielle Kaufvertrag wie oben beschrieben zustande, überweist V die erhaltene Reservierungsgebühr zurück auf das Konto von K.

Sonstige Vereinbarungen:

....

....

Unterschriften:

....

(Kaufinteressent) (Eigentümer)

....

(Ort und Datum)

Scheck über .... € erhalten:

....

(Datum und Unterschrift des Eigentümers)

Termin beim Notar
Erst der unterschriebene Kaufvertrag ist rechtlich bindend.

für die Neuvermarktung entstehenden Kosten verrechnen, maximal aber nur bis zur vereinbarten Pauschale. Der Nicht-Käufer muss also damit rechnen, dass er in diesem Fall die gezahlte Gebühr gar nicht oder nur zum Teil zurückerhält. Dieser „leise Druck" erhöht sicherlich die Kaufabsicht, denn wer will schon unnötig Geld in den Sand setzen?

Wie so eine Reservierungsvereinbarung zwischen Privatleuten aussehen kann, zeigt das Muster auf Seite 62. Viele Privatverkäufer haben mit solchen Reservierungsvereinbarungen beste Erfahrungen gemacht, da es danach nahezu immer zum Abschluss des notariellen Kaufvertrags kam.

Eine Reservierungsvereinbarung zwischen Eigentümer und Käufer hält die getroffene mündliche Einigung schriftlich fest. Um einen Kaufvorvertrag, der in jedem Falle rechtlich unwirksam wäre, handelt es sich dabei aber nicht. Die Reservierungsvereinbarung ist eher mit einer Kaufabsichtserklärung des Kaufinteressenten und der Pflicht des Verkäufers zur festen Reservierung der Immobilie für ihn zu vergleichen.

Der notarielle Kaufvertrag

Spätestens mit der mündlichen Einigung zwischen Verkäufer und Kaufinteressent und der schriftlichen Reservierungsvereinbarung, auf die jedoch auch ohne Weiteres verzichtet werden kann, ist der eigentliche Verkaufsvorgang abgeschlossen. Doch erst nach der notariellen Beurkundung des Kaufvertrags wird der Kauf auch unter rechtlichen Aspekten perfekt beziehungsweise abgeschlossen.

Es empfiehlt sich, dass der Kaufinteressent einen Notar seiner Wahl mit der Beurkundung des Kaufvertrags beauftragt. Falls er selbst keinen Notar kennt, können Sie Ihnen bekannte Notare vorschlagen. Den Auftrag sollte allerdings der Kaufinteressent nach dem Motto „Wer die Musik bestellt, muss auch bezahlen" erteilen. Anderenfalls bleiben Sie beim Scheitern des Verkaufs eventuell auf den Notargebühren sitzen.

Der Kaufinteressent sollte selbstverständlich einen Termin mit dem Notar vereinbaren, der beiden Vertragsparteien passt. Zuvor sollte der Notar aber Käufer und Verkäufer einen Kaufvertragsentwurf zur Einsicht übersenden. Die vom Gesetzgeber vorgesehene Einsichts- und Überlegungsfrist von zwei Wochen (siehe §17 Abs. 2a Satz 2 Nr. 2 BeurkG) gilt nicht, wenn beide Vertragsparteien Privatleute sind. Sie gilt nur dann, wenn eine Partei (zum Beispiel der Verkäufer) Unternehmer und die andere Partei (der Käufer) Verbraucher ist. Aber auch in diesem Fall können sich beide Vertragsparteien freiwillig mit der Verkürzung dieser Frist gegenüber dem Notar einverstanden erklären, um so früh wie möglich einen Notartermin wahrnehmen zu können.

Bieten Sie Ihrem künftigen Käufer auf jeden Fall eine Aufstellung über die wichtigsten Daten (Eckdaten) an, die der Käufer zwecks Erstellung eines Kaufvertragsentwurfs an den Notar weitergeben kann.

Den Kaufvertragsentwurf des Notars sollten Sie nach Erhalt sorgfältig prüfen und bei Bedarf Rückfragen stellen. Vergleichen Sie diesen Entwurf mit Musterformularen zu notariellen Kaufverträgen. Von Notaren erstellte Musterformulare können Sie im Internet kostenlos herunterladen, zum Beispiel das von Rechtsanwalt und Notar Dr. Hildebrandt aus Berlin unter www.hilde brandt-maeder.de zur Verfügung gestellte Muster. Spezialverlage bieten auch kostenpflichtige Muster an, zum Beispiel für 8,90 Euro unter www.formblitz.de.

Der Notartermin wird für Sie und den Käufer zum entscheidenden Tag X. So wichtig er auch für beide Seiten ist, so schnell geht er auch vorüber. Wie üblich, rasselt der Notar den Ihnen bereits vorliegenden Text oft in einem atemberaubenden Tempo herunter. Dies ist auch nicht zu kritisieren. Überraschungen bleiben regelmäßig aus, wenn im Vorfeld alle Fragen geklärt wurden.

Allerdings sollten Sie auch noch im Notartermin Fragen stellen, wenn Ihnen der Sinn des einen oder anderen Passus nicht völlig klar ist. Fragen von Verkäufer und Käufer muss der Notar auf jeden Fall erschöpfend beantworten, da er für beide Seiten tätig ist und nicht einseitig die Interessen nur eines Vertragspartners wahrnehmen darf.

Wenn Käufer und Verkäufer den vom Notar vorgelesenen und vorgelegten Kaufvertrag unterschrieben haben und der Notar dies beurkundet hat, gibt es grundsätzlich kein Zurück mehr. Der notarielle Kaufvertrag ist nun abgeschlossen, aber noch nicht erfüllt. Das heißt: Beide – Käufer und Verkäufer – müssen noch die im notariellen Kaufvertrag genannten Pflichten erfüllen. Als Verkäufer müssen Sie Besitz und Eigentum auf Ihren Käufer übertragen und der Käufer muss den Kaufpreis zahlen.

Obwohl also noch vertragliche Pflichten zu erfüllen sind, wird der Notartermin in den Augen von Käufer und Verkäufer fast immer schon als Endstation gesehen. Der Käufer wartet sehnsüchtig auf die Übergabe seines neuen Besitzes und Sie als Verkäufer hoffen, dass der Käufer den Kaufpreis auch pünktlich zum vertraglich vereinbarten Termin bezahlt.

Muster

Eckdaten für Kaufvertragsentwurf

Die Angabe der Eckdaten ist eine Hilfe für den Notar und erspart ihm Rückfragen. Dies beschleunigt auch die Erstellung des gewünschten Kaufvertragsentwurfs.

Eckdaten für Kaufvertragsentwurf ....

Bestandsverzeichnis:

Grundbuch ...., Blatt ...., Gemarkung ....,

Flur ...., Flurstück ...., Hof- und Gebäudefläche ....

Kaufobjekt (Beispiel)

Einfamilienhaus in ...., ...

Baujahr ....., Grundstücksfläche ...... qm, Wohnfläche .... qm

Verkäufer (im Folgenden mit V bezeichnet)

.... , geb. ....,

und .... , geb. ...., Miteigentümer zu je ½,

beide wohnhaft in ...., ...

Käufer (im Folgenden mit K bezeichnet)

...................................., geb. ....,

und ...., geb. .... neue Miteigentümer zu je ½,

beide wohnhaft in ...., ...

Kaufpreis

....................€ (in Worten: .... tausend Euro)

Kaufpreisaufteilung

Vom Kaufpreis in Höhe von .... € entfallen auf Grund und Boden .... € und auf das Wohngebäude .... €. Im Gesamtkaufpreis ist zudem Zubehör (zum Beispiel ....) in Höhe von .... € enthalten, das von K übernommen wird.

Grundschulden

Die noch bestehenden Grundschulden in Abteilung III, Nr. .... bis .... über insgesamt .... € sollen gelöscht werden, da das Einfamilienhaus völlig schuldenfrei ist.

Kaufpreiszahlung und Besitzübergang

Als Stichtag für die Kaufpreiszahlung sowie den wirtschaftlichen Übergang von Nutzen und Lasten wird der .... festgelegt.

Eigentumswechsel im Grundbuch

K soll nach Erfüllung der notwendigen Voraussetzungen (Negativbescheinigung der Gemeinde über nicht vorhandenes Vorkaufsrecht, Auflassungsvormerkung, Zahlung des Kaufpreises und Besitzübergang) durch Eigentumsumschreibung im Grundbuch rechtlicher Eigentümer des Einfamilienhauses in .... werden.

Bankverbindungen von Verkäufer und Käufer

Verkäufer: IBAN ....

Käufer: IBAN ....

Abwicklung und Besitzübergabe

Nach dem Notartermin ist noch nicht Schluss. Es erfolgt die Abwicklung beziehungsweise Erfüllung des Kaufvertrags.

Dazu zählen vor allem Besitzübergabe, Zahlung des Kaufpreises und Eigentumsumschreibung auf den Käufer.

Typischerweise erfolgt die Abwicklung des Kaufvertrags in mehreren aufeinanderfolgenden Schritten, die in der Checkliste auf Seite 70 der Reihe nach aufgeführt sind.

Der wirklich entscheidende Knackpunkt für Sie als Verkäufer ist die Zahlung des Kaufpreises. Nach dem Prinzip „Ware (hier Immobilie) gegen Geld" sind Sie selbstverständlich nur nach Zahlung des Kaufpreises und tatsächlichem Eingang des Veräußerungserlöses auf Ihrem Konto bereit, dem neuen Käufer die Schlüssel für die an ihn verkaufte Immobilie zu übergeben.

Erfolgt die Besitzübergabe vor Zahlung des Kaufpreises, und geht das Geld nicht auf Ihrem Konto ein, handeln Sie sich größte und völlig unnötige Probleme ein. Sie müssten in das Vermögen des Käufers zwangsvollstrecken oder den notariell abgeschlossenen Kaufvertrag rückabwickeln. Dies kostet Sie nicht nur Zeit, Geld und Nerven. Sie müssen beim Verkauf Ihres Hauses oder Ihrer Wohnung auch wieder von vorne anfangen und einen neuen Käufer finden.

Eine endgültige Sicherheit, dass der Käufer den Kaufpreis auch tatsächlich zahlt, haben Sie zwar nicht. Sie können aber im Vorfeld dafür sorgen, dass Ihnen der Käufer reinen Wein hinsichtlich seiner Finanzierung einschenkt und möglicherweise auch den Namen seiner finanzierenden Bank angibt. Darüber hinaus könnten Sie die Bonität des Käufers durch Einholen einer Bankauskunft oder Einsichtnahme in das beim Amtsgericht geführte Schuldnerverzeichnis prüfen.

Ins Schuldnerverzeichnis kann jeder Einsicht nehmen, der dazu ein berechtigtes Interesse nachweisen kann. Dies ist bei Ihnen als Eigentümer, der seine Immobilie an einen namentlich bekannten Dritten verkaufen will, auf jeden Fall zu bejahen.

Sollte Ihr Käufer wider Erwarten laut Schuldnerverzeichnis eine eidesstattliche Versicherung über sein Vermögen (früher Offenbarungseid genannt) abgegeben haben, oder sollte im Schuldnerverzeichnis die Haft zur Erzwingung dieser eidesstattlichen Versicherung eingetragen sein, wird die Zahlung des Kaufpreises ausbleiben. Vorbeugen ist also besser als Heilen!

Damit die im Grundbuch eingetragene Auflassungsvormerkung zugunsten des Käufers bei Nichtzahlung des Kaufpreises so schnell wie möglich wieder gelöscht wird, sollte im notariellen Kaufvertrag ein Zusatz erfolgen. Danach erteilt der Käufer dem Notar die Vollmacht, dass dieser die Auflassungsvormerkung auf Wunsch des Verkäufers wieder löschen lässt, wenn der Vertrag wegen Nichtzahlung des Kaufpreises rückabgewickelt werden muss.

Die Besitzübergabe

Der Normalfall, der in geschätzt 95 Prozent aller notariell abgeschlossenen Kaufverträge eintritt, ist folgender: Sie erhalten den nach Ablösung eventueller Restschulden verbleibenden Veräußerungserlös pünktlich auf Ihr Konto und teilen dies dem Notar schriftlich mit, sodass er die Eigentumsumschreibung der Immobilie auf den Käufer veranlassen kann.

Nach Erhalt des Kaufpreises verschaffen Sie dem Käufer das wirtschaftliche Eigentum, indem Sie ihm sämtliche Schlüssel für Haus und Wohnung übergeben. Mit dem Tag der Besitzübergabe gehen Besitz und Nutzung sowie Lasten und Gefahr auf den Käufer über.

→ Das Übergabeprotokoll

Ein schriftliches Protokoll des Ist-Zustands bei Übergabe für den Tag des Übergangs von Lasten und Nutzen empfiehlt sich für Verkäufer und Käufer gleichermaßen. In diesem Übergabeprotokoll sollten dann vor allem verzeichnet werden:

Anzahl aller übergebenen Schlüssel,

Nummern und Verbrauchsstände von Heizungs-, Strom-, Wasser- und gegebenenfalls Gaszählern,

Stand von Festnetzanschluss beim Telefon sowie

Bestätigung der vertragsgemäßen Übergabe sowie eventuell noch zu erledigende Aufgaben mit Festlegung der Fristen.

Falls Ihr Käufer die erworbene Immobilie selbst nutzen will, muss er von nun auch die laufenden Betriebskosten einschließlich der Grundsteuer tragen.

Tritt Ihr Käufer als Kapitalanleger in das bestehende Mietverhältnis ein und „übernimmt" Ihren ehemaligen Mieter, stehen ihm ab diesem Tag die Mieteinnahmen zu. Andererseits muss der Käufer ab sofort das monatliche Hausgeld an den Hausverwalter sowie die Grundsteuer an die Gemeinde zahlen.

Aus steuerlicher Sicht ist die Besitzübergabe mit der Anschaffung der Immobilie gleichzusetzen. Ab dem Zeitpunkt der Anschaffung stehen dem neuen Vermieter dann auch die steuerlichen Abschreibungen zu.

Checkliste

Wie die Abwicklung vor sich geht

Meist erfolgt die Abwicklung des Kaufvertrags innerhalb von 6 bis 8 Wochen. Dies hängt vor allem davon ab, wie schnell das zuständige Amtsgericht die vom Notar beantragten Änderungen im Grundbuch vornimmt.

- ☐ Eintragung einer Auflassungsvormerkung (auch Eigentumsvormerkung genannt) in Abteilung II des Grundbuchs zugunsten des Käufers (als Sicherheit, dass der Verkäufer die Immobilie zwischenzeitlich nicht an einen anderen verkauft)
- ☐ Einholen von Verzichtserklärungen bei eventuell eingetragenen Vorkaufsrechten der Gemeinde oder des Mieters (bei Mietverträgen nach Umwandlung eines ehemaligen Miethauses in Eigentumswohnungen) und Zustimmungserklärung des Hausverwalters bei Eigentumswohnungen durch den Notar
- ☐ Löschung von eventuell vorhandenen Grundschulden des Verkäufers und Neueintragung von Grundschulden in Abteilung III des Grundbuchs zugunsten der finanzierenden Bank des Käufers (nach vorheriger Grundschuldbestellung des Notars, die meist schon im Notartermin nach der Beurkundung des Kaufvertrags erfolgt)
- ☐ Zahlung des Kaufpreises zum vereinbarten Termin durch den Käufer beziehungsweise dessen Bank (Überweisung in Höhe der Restschulden an die Gläubigerbank des Verkäufers sowie des verbleibenden Restbetrags direkt auf das Konto des Verkäufers)
- ☐ Besitzübergabe und damit Übergang von Nutzen und Lasten auf den Käufer, der damit wirtschaftlicher Eigentümer der Immobilie wird
- ☐ Eigentumsumschreibung in Abteilung I des Grundbuchs auf den Käufer, der nun auch rechtlicher Eigentümer der Immobilie ist.

Verkauf eines unbebauten Grundstücks

Als Käufer für den Verkauf eines unbebauten Grundstücks, das Sie entweder selbst vor Jahren gekauft oder geerbt haben, kommen neben Privatpersonen auch Bauträger infrage.

Bodenrichtwerte ergeben eine Annäherung an den erzielbaren Verkaufspreis, weil die von den Gemeinden veröffentlichten Richtwerte auf Basis tatsächlicher, in der Vergangenheit erzielter Verkaufspreise ermittelt wurden.

Sie können die aktuelle Bodenrichtwertsammlung über den örtlichen Gutachterausschuss für Grundstückswerte meist kostenlos erhalten. In bestimmten Bundesländern wie Nordrhein-Westfalen geht dies auch online (siehe www.boris-nrw.de).

Allerdings kann der erzielbare Preis beim Grundstücksverkauf bis zu 20 Prozent unter oder über dem für das Grundstück ausgewiesenen Richtwert liegen. Das wichtigste Kriterium ist dabei, dass jedes Grundstück einzigartig ist und der Wert nur bedingt aus dem Wert anderer Grundstücke abgeleitet werden kann (zum Beispiel mangels adäquater Vergleichsflächen). Es kann aber auch sein, dass der Bodenrichtwert veraltet ist und angesichts von Preissteigerungen in jüngster Zeit zu niedrig ausfällt. Je aktueller die Erhebung ist, umso besser für Sie.

Zu welchem Preis ein Grundstück verkauft werden kann, lässt sich am ehesten aus der Bebaubarkeit ableiten. Grundsätzlich gilt: Je mehr Wohnfläche sich errichten lässt, desto höher ist der erzielbare Verkaufspreis. Wie viel Fläche errichtet werden darf, geht in der Regel aus den im Bebauungsplan aufgeführten Grundflächenzahlen, der Geschossflächenzahl sowie weiteren Baubestimmungen hervor.

Der Bebauungsplan eines Gemeindegebiets regelt, wie die Grundstücke bebaut werden können. Er enthält konkrete Festsetzungen über die Art und Weise und das Maß der vorgesehenen baulichen Nutzung. Der Bebauungsplan spielt daher eine große Rolle bei der Grundstücksbewertung.

- Um einen einfachen Bebauungsplan handelt es sich, wenn ein oder mehrere der eben genannten Angaben eines qualifizierten Bebauungsplans fehlen.
- Ein qualifizierter Bebauungsplan liegt vor, wenn dieser mindestens die Art und Weise der baulichen Nutzung, die überbaubaren Grundstücksflächen und die örtlichen Verkehrsflächen enthält.

Baugrund
Lässt der Bebauungsplan das gewünschte Traumhaus zu?

Bei den allermeisten Bebauungsplänen handelt es sich um qualifizierte Bebauungspläne, da hier die Zulässigkeit von Vorhaben abschließend geregelt ist.

So lesen Sie den Bebauungsplan

Kaufinteressenten werden von Ihnen natürlich wissen wollen, welche Bebauungsmöglichkeiten es für das Grundstück gibt, ob sich ihre Träume auf diesem Stück Grund realisieren lassen können. Viele Städte und Gemeinden stellen heute die existierenden Bebauungspläne samt den dazugehörigen Erläuterungen zu den verwendeten Symbolen (Planzeichen) online zur Verfügung. Zum Lesen eines Bebauungsplans sind zwei Verordnungen wichtig, nämlich die Planzeichenverordnung (PlanZV) mit Erläuterungen zu Signaturen, Farben und Linien sowie die Baunutzungsverordnung (BauNVO) mit den Festlegungen hinsichtlich Nutzung, Bauweise, Abstandsflächen etc.

Die für Bauherren beziehungsweise künftige Eigentümer wichtigsten Angaben in einem Bebauungsplan (siehe Doppelseite 74/75) sind:

▸ **die Abstandsflächen:**
Gebäude müssen fast immer einen Mindestabstand zum Nachbargrundstück einhalten. Vorgeschrieben wird dieser in der jeweiligen Landesbauordnung. Um den Abstand zur Grundstücksgrenze zu berechnen, wird – vereinfacht gesagt – die Außenwandhöhe des geplanten Gebäudes mit einem im Bebauungsplan vorgegebenen Wert (in der Regel zwischen 0,4 bis 1) multipliziert.

▸ **die Bauweise und Bauformen:**
Die **offene Bauweise** schreibt einzeln stehende Bauformen vor, aber auch Doppelhäuser oder Reihenhäuser von bis zu 50 Meter Länge! (Einzelhäuser = E und/oder Doppelhäuser = D mit festgelegtem Grenzabstand, Ausnahmen sind möglich für Garagen und Carports).
Die **geschlossene Bauweise** gibt vor, dass auf der Grundstücksgrenze Haus an Haus gebaut werden muss (Doppelhäuser = D oder Reihenhäuser = R ohne seitlichen Grenzabstand).

▸ **die Art der baulichen Nutzung:**
Sie ergibt sich aus der Nutzungsschablone, die dem Bebauungsplan entweder beiliegt

oder direkt auf ihm vermerkt ist: Handelt es sich um ein reines Wohngebiet oder um ein Mischgebiet, in welchem gegebenenfalls auch gewerbliche Bauflächen vorgesehen sind oder gewerbliche Nutzung erlaubt ist?

WS = Kleinsiedlungsgebiet = z. B. Wohngebäude mit Nutzgärten

WR = Reines Wohngebiet

WA = Allgemeines Wohngebiet = vorwiegend Wohnen

WB = Besonderes Wohngebiet = vorwiegend Wohnen, aber mit vereinbaren Gewerbebetrieben wie Agenturen, Büros, Handwerksbetrieben ohne Produktion o. Ä.

MD = Dorfgebiet = landwirtschaftliche Betriebe, Wohnen, nicht wesentlich störende Gewerbebetriebe (ähnlich WB)

MI = Mischgebiete = Wohnen und Gewerbebetriebe

MK = Kerngebiete = vorwiegend bzw. bevorzugt Handelsbetriebe, zentrale Einrichtungen der Wirtschaft, Verwaltung, Kultur etc.

GE = Gewerbegebiete = vorwiegend nicht erheblich belästigende Gewerbebetriebe

GI = Industriegebiete = ausschließlich Gewerbebetriebe, häufig reserviert für vorwiegend in anderen Baugebieten nicht zulässige Gewerbebetriebe

▶ **das Maß der baulichen Nutzung:**

Die **Grundflächenzahl (GRZ)** gibt an, welcher Anteil eines Grundstücks bebaut werden darf. Eine GRZ von 0,3 bedeutet beispielsweise, dass auf einem 1 500 Quadratmeter großen Grundstück maximal 450 Quadratmeter überbaut werden dürfen. Dazu zählen auch Garagen und zu 50 % angerechnet Nebengebäude (Gartenhaus, Geräteschuppen).

Die **Geschossflächenzahl (GFZ)** erklärt das erlaubte Verhältnis der Geschossfläche zur Grundstücksfläche. Eine GFZ von 0,6 bedeutet beispielsweise, dass auf einem 1 500 Quadratmeter großen Grundstück maximal 900 Quadratmeter Geschossfläche errichtet werden dürfen.

Die maximale **Anzahl der Vollgeschosse** wird durch römische Zahlen angegeben. So wird die Höhe die Bebauungen in einem Baugebiet festgeschrieben.

Die Baugrenzen legen fest, in welchem Bereich und in welcher Richtung gebaut werden darf. Innerhalb eines **Baufensters** muss das Gebäude errichtet werden, wobei die Baugrenze nicht überschritten werden darf. Entlang der Baulinie muss zwingend gebaut werden.

In den **Dachvorgaben** können die Ausrichtung vom Dachfirst, die Dachneigung und sogar das Material der Dacheindeckung vorgegeben werden:

Die **Firsthöhe (FH)** in Metern ist der Abstand zwischen First und Boden und gilt als maximal zulässiger Wert.

Die **Traufhöhe (TH)**, also die Höhe zwischen Dachhaut und Boden, wird in Metern angegeben. Hier unterscheidet der Bebauungsplan gegebenenfalls zwischen Tal- und Hangseite.

Zulässige Dachformen können lokal abweichend vorgeschrieben werden, zum Bei-

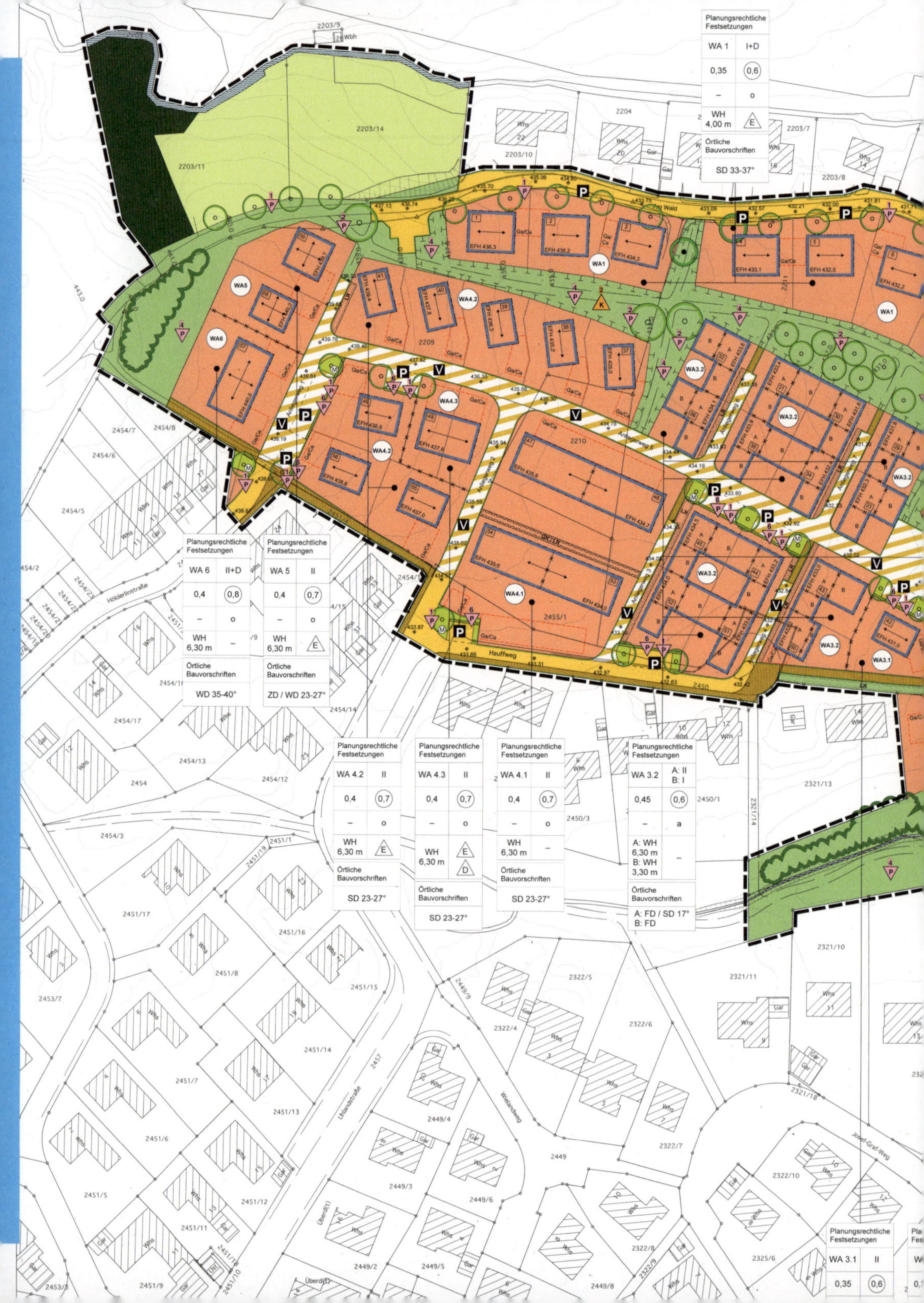

Planungsrechtliche Festsetzungen
WA 1
I+D
0,35
0,6
–
o
WH 4,00 m
E
Örtliche Bauvorschriften
SD 33-37°
Planungsrechtliche Festsetzungen
WA 6
II+D
0,4
0,8
–
o
WH 6,30 m
–
Örtliche Bauvorschriften
WD 35-40°
Planungsrechtliche Festsetzungen
WA 5
II
0,4
0,7
–
o
WH 6,30 m
E
Örtliche Bauvorschriften
ZD / WD 23-27°
Planungsrechtliche Festsetzungen
WA 4.2
II
0,4
0,7
–
o
WH 6,30 m
E
Örtliche Bauvorschriften
SD 23-27°
Planungsrechtliche Festsetzungen
WA 4.3
II
0,4
0,7
–
o
WH 6,30 m
E
D
Örtliche Bauvorschriften
SD 23-27°
Planungsrechtliche Festsetzungen
WA 4.1
II
0,4
0,7
–
o
WH 6,30 m
–
Örtliche Bauvorschriften
SD 23-27°
Planungsrechtliche Festsetzungen
WA 3.2
A: II
B: I
0,45
0,6
–
a
A: WH 6,30 m
B: WH 3,30 m
–
Örtliche Bauvorschriften
A: FD / SD 17°
B: FD
Planungsrechtliche Festsetzungen
WA 3.1
II
0,35
0,6
Hölderlinstraße
Hauffweg
Uhlandstraße
Wielandweg
Josef-Graf-Weg
Anliegerweg 1
Anliegerweg 2
Anliegerweg 3
Anliegerweg 5
Anliegerweg 6
Anliegerweg 7
Am Wald

TEXTLICHE FESTSETZUNGEN MIT PLANZEICHENERKLÄRUNG

A. RECHTSGRUNDLAGEN

Baugesetzbuch (BauGB)	i. d. F. vom 23.09.2004 (BGBl. I S. 2414), zuletzt geändert durch Artikel 1 des Gesetzes vom 21.12.2006 (BGBl. I S. 3316)
Baunutzungsverordnung (BauNVO)	i. d. F. vom 23.01.1990 (BGBl. I S. 133), zuletzt geändert am 22.04.1993 (BGBl. I S. 466)
Planzeichenverordnung (PlanzV)	i. d. F. vom 18.12.1990 (BGBl. I 1991 S. 58, BGBl. III 213-1-6)
Landesbauordnung (LBO) für Baden-Württemberg	i. d. F. 08.08.1995 (GBl. S. 617), zuletzt geändert durch Gesetze vom 14.12.2004 (GBl. S. 884, 895)
Gemeindeordnung (GemO) für Baden-Württemberg	i. d. F. vom 14.02.2006 (GBl. S. 20) m. W. vom 18.02.2006

Mit In-Kraft-Treten des Bebauungsplanes treten im Geltungsbereich alle bisherigen Festsetzungen außer Kraft. In Ergänzung der Planzeichnung wird Folgendes festgesetzt:

B. PLANUNGSRECHTLICHE FESTSETZUNGEN
§ 9 BauGB und §§ 1-23 BauNVO

1. ART DER BAULICHEN NUTZUNG
§ 9 (1) 1 BauGB

WA — 1.1 Das Gebiet ist als Allgemeines Wohngebiet (WA) gemäß § 4 BauNVO festgesetzt. Die in § 4 (3) BauNVO genannten Ausnahmen sind nicht Bestandteil des Bebauungsplanes.

2. MASS DER BAULICHEN NUTZUNG
§ 9 (1) 1 BauGB i. V. m. § 16 (2) BauNVO

2.1 Das Maß der baulichen Nutzung wird bestimmt durch die maximal zulässige Grundflächenzahl (GRZ) und die die maximal zulässige Geschossflächenzahl (GFZ) laut Planeintrag sowie über die Festsetzung der Baugrenzen.

2.2 Die maximale Höhe der baulichen Anlagen wird definiert durch die maximale Wandhöhe WH (in m) und die maximale Dachneigung nach örtlicher Bauvorschrift (siehe Planeintrag bzw. Nutzungsschablone). Die Wandhöhe ist das traufseitig gemessene Maß zwischen der Erdgeschoss-Fußbodenhöhe (EFH-Rohfußboden) und dem Schnittpunkt der Außenwand mit der Oberfläche der Dachhaut.

3. BAUWEISE, ÜBERBAUBARE GRUNDSTÜCKSFLÄCHE
§ 9 (1) 1 BauGB

3.1 Die überbaubaren und die nicht überbaubaren Grundstücksflächen ergeben sich gem. § 23 (1) BauNVO durch die Baugrenzen (siehe Lageplan).

3.2 Im WA 2.1 und im WA 3.2 (siehe Lageplan) ist abweichende Bauweise festgesetzt.

Im WA 2.1 sind zu den nördlichen Grundstücksgrenzen reduzierte Abstandsflächen bis zu 1,00 m Tiefe zulässig. Im WA 3.2 sind innerhalb der bebaubaren Grundstücksflächen Grenzbebauungen im Rahmen der festgesetzten Wandhöhen zulässig.

3.3 Die Stellung der baulichen Anlagen ergibt sich durch parallele Anordnung des Hauptbaukörpers zu einer der Baugrenzen gemäß Eintragung im Lageplan.

4. FLÄCHEN FÜR NEBENANLAGEN
§ 9 (1) 4 BauGB

4.1 Nebenanlagen, außer Garagen und Carports, im Sinne des § 14 BauNVO müssen einen Mindestabstand von 1,00 m zur Grundstücksgrenze einhalten. Die Größe von Nebenanlagen darf eine Grundfläche von 16 qm und eine Höhe von maximal 3,00 m nicht überschreiten. Im WA 3.2 sind Nebenanlagen nicht zulässig.

4.2 Nebenanlagen für öffentliche Versorgungseinrichtungen sind gem. § 14 (2) BauNVO i.V.m. § 9 (1) 13 auch ohne Grenzabstand auf den nicht überbaubaren Grundstücksflächen zulässig.

5. GARAGEN UND STELLPLÄTZE
§ 9 (1) 4 BauGB

Ga/Ca — 5.1 Garagen und überdachte Stellplätze (Carports) sind nur innerhalb der überbaubaren Grundstücksflächen oder in den dafür gesondert ausgewiesenen Flächen und dort bis zu einer Höhe von maximal 3,00 m zulässig (siehe auch Ziff. C. 1.2.1)

5.2 Stellplätze und deren Zufahrten sind, soweit sie mit wasserdurchlässigen Belägen befestigt sind, auch auf den nicht überbaubaren Grundstücksflächen zulässig.

6. ANZAHL DER WOHNUNGEN IN WOHNGEBÄUDEN
§ 9 (1) 6 BauGB

6.1 In den Baugebieten sind je Gebäude maximal zwei Wohneinheiten zulässig. Abweichend hiervon sind im WA 6 insgesamt 6 Wohneinheiten zulässig.

7. VERKEHRSFLÄCHEN
§ 9 (1) 11 und 26 BauGB

7.1 Öffentliche Verkehrsfläche
Hinweis: Die dargestellte Aufteilung der Verkehrsfläche (Straßenfläche/ Gehweg) ist unverbindlich.

V — 7.2 Verkehrsfläche besonderer Zweckbestimmung (verkehrsberuhigter Bereich). Hinweis: Die dargestellte Aufteilung der Verkehrsfläche ist unverbindlich.

M — 7.3 Verkehrsgrün / Flächen für Müllsammelbehälter mit Einzelbäumen siehe Planeintrag gem. Artenliste 3 (s. Anlage) (siehe auch Minimierungsmaßnahme M 1 im Grünordnungsplan GOP)

432.84 — 7.4 Höhenlage öffentlicher Verkehrsflächen in m ü.NN. (Zahlenwert nur Beispiel)

P — 7.5 Öffentliche Parkierungsfläche (Lage unverbindlich)

7.6 Straßenbegrenzungslinie

8. GRÜNFLÄCHEN
§ 9 (1) 15 BauGB

8.1 Öffentliche Grünfläche, Zweckbestimmung Kinderspiel, wohngebietsbezogene Erholung, Durchwegung, Ausgleichsfläche. Zweckgebundene bauliche Anlagen sind zulässig. Die Lage der Fußwege in den öffentlichen Grünflächen ist unverbindlich.

8.2 Öffentliche Grünfläche (Zweckbestimmung Fläche für Rückhaltung und Versickerung von Niederschlagswasser (§ 9 (1) 14 BauGB) und Zweckbestimmung Gerätespielpunkte bzw. Ballspielwiese)

8.3 Private Grünfläche

8.4 Fläche für Wald

9. LEITUNGSRECHTE, GEH- UND FAHRRECHTE
§ 9 (1) 13 und 21 BauGB

9.1 Versorgungsleitungen sind unterirdisch zu führen.

LR — 9.2 Die mit Leitungsrechten zu belastenden Flächen sind im Lageplan festgesetzt und durch entsprechende Baulasten und Grunddienstbarkeiten zugunsten des Versorgungsträgers zu sichern.

FR / GR — 9.3 Die mit einem Fahr- und Gehrecht zugunsten der Parzellen 2321/21 und 2321/22 zu belastende Fläche ist im Lageplan festgesetzt und durch entsprechende Baulasten und Dienstbarkeiten zu sichern.

11. SCHUTZ VO
§ 9 (1) 23 Bau

12. GELÄNDEA
§ 9 (1) 26 Bau

13. HÖHENLAG
§ 9 (1) 23 Bau

14. FÜLLSCHE
PLANUNGS

15. SONSTIGE

C. ÖRTLICH
§ 74 LBO

1. ÄUSSERE
§ 74 (1) 1 LBO

Planungssicherheit Der Bauvorbescheid vom Verkäufer ist für Kaufinteressenten attraktiv.

spiel Flachdach (FD), Krüppelwalmdach (KWD), Pultdach (PD) oder versetztes Pultdach (vPD), Satteldach (SD), Tonnendach (TD), Walmdach (WD) sowie Zeltdach (ZD)

Die Dachneigung (DN) ist fast immer von der Dachform abhängig und wird in Grad angegeben.

- **Baulasten:**

Zugangsrechte von Nachbarn (die das Grundstück überqueren müssen, um zu ihrem Haus zu gelangen), Gehrechte, Fahrrechte bzw. Überfahrrechte, Leitungsrechte (unterirdisch wie oberirdisch), etc.

Service für Kaufinteressenten

Für den Fall, dass die Bebaubarkeit unklar ist, weil es keinen qualifizierten Bebauungsplan gibt und sich die Bebaubarkeit auch nicht eindeutig aus der umliegenden Bebauung ergibt, kann es für den Verkäufer eines Grundstücks sinnvoll sein, vor der Vermarktung eine Bauvoranfrage zu stellen. Dazu reicht er Vorschläge zur Bebauung beim Bauamt ein und bekommt daraufhin einen drei Jahre lang gültigen Bescheid, der rechtsverbindlich Auskunft zur Bebaubarkeit gibt. Eine Bauvoranfrage reichen Sie beim zuständigen Bauamt ein und fügen alle aussagekräftigen Unterlagen für ein geplantes Projekt bei. Fragen Sie zusätzlich telefonisch nach, ob über folgende Unterlagen hinaus noch etwas fehlt:

- Baubeschreibung
- Bauzeichnungen
- Lageplan
- Statische Berechnungen
- Pläne für Entwässerung und Wasserversorgung
- Ortsfotos
- Eventuell Einverständniserklärungen der Nachbarn.

Besorgen Sie am besten alle Unterlagen. Die Erteilung eines Bauvorbescheids kostet Sie für ein durchschnittliches Einfamilienhaus etwa 100 bis 150 Euro. Größere Bauprojekte sind aufwendiger zu überprüfen. Für Miethäuser mit mehreren Wohnungen oder Gewerbeobjekte können bis zu etwa 5 000 Euro an Gebühren fällig werden.

Zwar kann die Bauvoranfrage ein paar Wochen Zeit in Anspruch nehmen, aber sie erleichtert den Verkauf eines Grundstücks an Bauwillige ganz erheblich.

Eine Bauvoranfrage kann selbstverständlich auch ein Kaufinteressent stellen, bevor er das Grundstück erwirbt. Er kann vor dem Kauf eine Anfrage schon mit genauen Angaben zum geplanten Bauwerk stellen und dann entscheiden, ob er die Baufläche erwerben möchte.

Bei der Vermarktung eines unbebauten Grundstücks können für Kaufinteressenten je nach Bebaubarkeit unterschiedliche Projektperspektiven entwickelt werden. Wenn die Grundstücksgröße nur eine Bebauung mit einer oder zwei Wohneinheiten zulässt, kommen als Käufer sowohl Privatpersonen als auch Bauträger infrage.

Ist das Grundstück sehr attraktiv, lässt sich der beste Verkaufspreis über ein Bieterverfahren (siehe Seite 31) erzielen, bei dem ein Mindestgebot festgelegt wird und die Interessenten zu höheren Geboten aufgefordert werden. Im Unterschied zur Zwangsversteigerung ist der Eigentümer hier weder verpflichtet, zu einem bestimmten Zeitpunkt, noch an eine bestimmte Person oder zu einem bestimmten Preis zu verkaufen.

Bieterverfahren sollten in der Regel durch Immobilienmakler durchgeführt werden, die schon einige Erfahrung beim Verkauf von Grundstücken haben und die auch die wichtigsten Bauträger der Region kennen.

Da das Bieterverfahren beim Grundstücksverkauf noch nicht so etabliert ist, kann es manchen Kaufinteressenten vielleicht eher abschrecken. Da hier also auf Käuferseite ein erhöhter Aufklärungsbedarf besteht, wird das Bieterverfahren vor allem in folgenden Fällen zum Erfolg führen:

- Ein für viele Kaufinteressenten sehr attraktives Grundstück soll vermarktet werden. Durch das spezielle Bieterverfahren kann der Preis nach oben ausgereizt werden, statt schon bei einem guten Angebot den Zuschlag zu erteilen.
- Wenn ein Grundstück im klassischen Verfahren nicht verkauft werden konnte oder die Nachfrage aufgrund des hohen ausgeschriebenen Preises abflaut, kann durch eine Umstellung auf das Bieterverfahren neuer Schwung in die Vermarktung gebracht werden.
- Wurde das Grundstück im klassischen Verfahren schon angeboten und ist die Nachfrage durch mehrere Interessenten sehr stark, kann im Bieterverfahren der „Schlussspurt“ ausgetragen werden, um den bestmöglichen Preis zu realisieren.

Sämtliche Kaufverträge über unbebaute Grundstücke sind beurkundungspflichtig, da der öffentlich bestellte Notar als unparteiischer Amtswalter zwischen den Beteiligten für deren wechselseitige Absicherung Gewährleistung bieten soll.

Und ohne eine vorherige Grundbucheinsicht sollte weder ein Makler einen Kaufvertrag vorbereiten, noch wird ihn ein Notar beurkunden.

Master Bedroom
First Floor
Eaves Storage
Bedroom 2

Verkauf über einen seriösen Makler

Wenn Sie den Verkauf Ihrer Immobilie nicht selbst in die Hand nehmen wollen oder können, bietet sich ein Immobilienmakler an. Dabei kommt es darauf an, einen fachlich versierten und vertrauenswürdigen Makler auszuwählen sowie beim Maklervertrag alles richtig zu machen.

Schätzungsweise jede zweite Immobilie wird in Deutschland von privat an privat, also ohne Einschaltung von Maklern verkauft. Als Privatverkäufer nehmen Sie den Zeitaufwand und die Kosten für Anzeigen bewusst in Kauf, weil Sie mit dem nötigen Optimismus an die Sache herangehen und glauben, ohne die Hilfe von Maklern auskommen zu können.

Gründe für den anderen Verkaufsweg über Makler gibt es zuhauf. Manchem Verkäufer fehlt die Zeit für die Selbstvermarktung, da er beruflich oder persönlich sehr eingespannt ist. Andere trauen sich als Laien den Privatverkauf gar nicht zu, weil ihnen Fachwissen und Erfahrung fehlen.

Wiederum andere verkaufswillige Haus- oder Wohnungseigentümer wohnen weit weg von der zum Verkauf anstehenden Immobilie und scheuen die langen Hin- und Rückfahrten für gewünschte Besichtigungen, die dann auch noch oft ohne Erfolg bleiben.

Es gibt also gute Gründe, einen Makler mit dem Verkauf der eigenen Immobilie zu betrauen.

Entlastung des Verkäufers durch den Makler

Preisfindung, Werbung per Inserate, Besichtigungen und Verkaufsgespräche kosten Sie zu viel Zeit. Außerdem bevorzugen Sie die Verkaufsabwicklung durch einen Profi.

Ein Makler kann Sie insbesondere bei diesen vier Punkten entlasten:

- **Aneignung von eigenem Fachwissen** und praktischer Erfahrung rund um die Bewertung und Beurteilung einer Immobilie entfällt.
- **Geringere Arbeitsbelastung,** da der Makler die besonders zeitaufwendigen Arbeiten wie die Bewertung und Preisfindung, die Erstellung eines Exposés, Inserate, Kontakte mit Kaufinteressenten, das Wahrnehmen von Besichtigungsterminen und Verkaufsgespräche übernimmt
- **Keine Fahrten** zu Besichtigungsterminen bei weit entfernten Immobilien
- **Weniger Stress** und Enttäuschungen im Umgang mit Kaufinteressenten, was die eigenen Nerven schont.

Der seriöse Makler kann Sie also auf mehreren Ebenen entlasten (fachlich, zeitlich und psychologisch), und Sie können sich weiterhin ganz auf Ihre beruflichen und familiären Aufgaben sowie Ihre Hobbys konzentrieren.

Wer ist aber ein seriöser Makler? Seriös ist im Geschäftsleben jemand, der vertrauens- und glaubwürdig sowie zuverlässig und verlässlich ist. Die überwiegende Mehrheit der Immobilienmakler wird diese Eigenschaften besitzen.

Wie überall gibt es aber auch unter den Immobilienmaklern schwarze Schafe, die alles andere als seriös sind. Oft handelt es sich dabei um Glücksritter, die in kurzer Zeit möglichst viel Geld mit der Vermittlung von Immobilien verdienen wollen. Sie sind provisionsfixiert nach dem Motto „Meine Vision ist die Provision" und handeln nicht in erster Linie im Interesse ihrer Kunden.

Ihr Ziel als Verkäufer muss es aber sein, den seriösen Makler zu finden und somit die Spreu vom Weizen zu trennen. Das ist leider einfacher gesagt als getan, da es für den Beruf des Immobilienmaklers keine gesetzlich vorgeschriebenen Ausbildungs- und Prüfungsanforderungen gibt. Tatsächlich kann jeder, der einen Gewerbeschein besitzt, von heute auf morgen als Immobilienmakler seine Vermittlerdienste anbieten.

Seriöse Makler entlasten Sie und setzen sich für Ihre Interessen ein.

Jeder, der zunächst eine Anzeige für den Privatverkauf seiner Immobilie im Internet oder in der Tageszeitung aufgibt, erhält nach spätestens einer Woche die ersten Anrufe von Maklern. Diese bieten ihre Dienste an, obwohl aus Ihrer Anzeige „von privat an privat" eindeutig hervorgeht, dass Sie Ihr Haus oder Ihre Wohnung nicht über einen Makler verkaufen wollen.

Die bei Ihnen anrufenden Makler oder deren Mitarbeiter wollen ihrerseits die Immobilie anbieten. Sie hätten eine große Interessentenkartei und damit potenzielle Käufer für Ihre Immobilie. Wenn die Vermittlung beziehungsweise der Verkauf über sie liefe, müssten Sie dennoch keine Provision zahlen. Als Eigentümer könnten Sie selbstverständlich auch weiterhin selbst nach einem Käufer suchen.

So verlockend dieses Angebot für Sie auch sein mag: Bedenken Sie, dass es kein hochqualifizierter Makler mit jahrelanger Berufserfahrung nötig hat, bei Privatanbietern von Immobilien herumzutelefonieren. Wer bei Ihnen anruft, ruft ja auch bei einer Vielzahl von anderen Privatanbietern an. Es handelt sich daher eher um eine Jagd nach interessanten Immobilien, die für Karteikunden infrage kommen könnten.

Um einen seriösen, qualifizierten und berufserfahrenen Makler zu suchen und zu finden, gibt es bessere Möglichkeiten. Auf den erstbesten Makler, der bei Ihnen anruft, sollten Sie lieber nicht eingehen.

Sie können die oft lästigen Makleranrufe auch sofort beenden oder die Makler damit vertrösten, dass sie noch einmal anrufen könnten, wenn Ihre Privatannonce auch noch in einem Monat im Internet oder in der Tageszeitung stünde.

Es kann nicht schaden, die Telefonnummern und Namen der anrufenden Makler auf einem Zettel zu notieren. Wenn allerdings ein Makler alle paar Tage bei Ihnen anruft, sollten Sie ihn auf dem Zettel streichen.

Haben Sie (noch) keine Privatanzeige aufgegeben, bleiben Ihnen unerwünschte Anrufe von Maklern erspart. Dies mag zunächst ein Vorteil sein. Andererseits liegt es nun an Ihnen, auf eigene Faust den für den Verkauf Ihrer Immobilie geeigneten Makler zu finden.

Maklersuche und -auswahl

Suchen und wählen Sie Ihren Makler selbst aus. Dies ist zwar anfangs zunächst aufwendiger, erspart Ihnen aber später möglichen Ärger.

Der erste Weg kann über den IVD (Immobilienverband Deutschland) gehen, siehe www.ivd.net. Der IVD ist 2004 aus dem Zusammenschluss der früheren Maklerverbände RDM (Ring Deutscher Makler) und VDM (Verband Deutscher Makler) entstanden. Er hat 6000 Mitglieder. Außer Immobilienmaklern gehören auch Immobilienverwalter und Immobiliensachverständige dem IVD an.

→ Welcher Immobilienmakler im IVD ist

Immobilienmakler mit dem IVD-Logo müssen eine umfassende Aufnahmeprüfung bestanden haben. Außerdem nehmen sie regelmäßig an Schulungen und Seminaren teil. Sie müssen sich an die Wettbewerbsregeln des IVD halten und eine Vermögensschaden-Haftpflichtversicherung abgeschlossen haben. Verbraucher können bei Streitigkeiten mit einem IVD-Makler den Ombudsmann Immobilien beim IVD einschalten.

Der IVD versteht sich als „Markenzeichen qualifizierter Immobilienmakler, Verwalter und Sachverständiger“. Er ist in sechs Regionalverbände (IVD Süd / West / Nord / Mitte / Mitte Ost / Berlin-Brandenburg) gegliedert. Darüber hinaus unterhält er eigene Akademien wie die DIA (Deutsche Immobilien Akademie).

Wer als Immobilienmakler im IVD ist, bringt zumindest eine fachliche Qualifikation mit. Ob er auch eine langjährige Berufserfahrung hat, können Sie vielleicht schon unter „Wir über uns“ auf seiner Internetseite erkennen.

Namen von qualifizierten IVD-Maklern sind Ihnen vielleicht von Freunden, Bekannten, Nachbarn oder Kollegen bekannt, die über ihre eigenen positiven und vielleicht auch negativen Erfahrungen im Zusammenhang mit dem Verkauf oder auch Kauf ihrer Immobilie berichten. Diese Erfahrungen und insbesondere Empfehlungen von zufriedenen Verkäufern sollten Sie bei der Suche nach qualifizierten und erfahrenen Immobilienmaklern nutzen.

Wichtig sind auch profunde Kenntnisse Ihres künftigen Maklers über den örtlichen Immobilienmarkt. Er sollte die Stadt oder den Ort, in dem Ihre zum Verkauf anstehende Immobilie liegt, wie seine eigene Westentasche kennen.

Das Profil für einen qualifizierten, erfahrenen und seriösen Makler kann anhand der Checkliste „Was für einen guten Makler spricht“ (Seite 84) erstellt werden. Prüfen Sie anhand der angegebenen Punkte, ob der von Ihnen ausgesuchte Makler den Anforderungen entspricht. Damit Sie sich nicht verzetteln, sollten Sie mit höchstens drei von Ihnen selbst ausgesuchten Maklern Kontakt aufnehmen und unter diesen drei Maklern den für Sie und Ihre Immobilie geeigneten Makler auswählen.

Bei der Suche nach einem seriösen und qualifizierten Makler können Sie auch auf die vom Marktforschungsinstitut Statista erstellte Liste deutscher Top-Makler zurückgreifen. Basis dafür waren insbesondere Empfehlungen von über 160 000 Mitgliedsmaklern bei ImmobilienScout24 und den fünf Regionalverbänden des IVD. In die Liste der 1 000 Top-Makler, die in dem von Focus herausgegebenen Spezial „Immobilienatlas 2015“ zum ersten Mal veröffentlicht wurden, schafften es die Makler mit den meisten Empfehlungen.

Mit einem Sondersiegel hat die Focus-Redaktion insgesamt 21 Makler ausgezeichnet. Laut Focus haben diese 21 Makler mit ihrem Fachwissen die Recherche in den Städten und Regionen teils zum wiederholten Mal unterstützt.

→ 1 000 Top-Makler im Bundesgebiet

Im „Immobilien-Atlas 2017“ der Zeitschrift Focus fanden Sie die 1 000 Top-Makler, getrennt nach Süden (Baden-Württemberg, Bayern, München und Umgebung), Westen (Nordrhein-Westfalen, Ruhrgebiet und Umgebung, Düsseldorf und Umgebung, Köln und Umgebung, Hessen, Frankfurt und Umgebung, Rheinland-Pfalz, Saarland), Norden (Schleswig-Holstein, Hamburg und Umgebung, Bremen, Niedersachsen) und Osten (Berlin, Mecklenburg-Vorpommern, Brandenburg, Sachsen-Anhalt, Sachsen und Thüringen).

Verständlicherweise interessieren Sie sich nur für Top-Makler in der Umgebung Ihrer Immobilie. Angenommen, Ihre Immobilie liegt in Düsseldorf und Umgebung. Dann hätten Sie die Qual der Wahl unter insgesamt 44 Immobilienmaklern, darunter allein 21 aus Düsseldorf.

Zu jedem Makler gibt es Bewertungen in insgesamt 10 Kategorien:

1. Häufigkeit von Kollegenempfehlungen (1 bis 3 Punkte)
2. Häufigkeit von Kundenempfehlungen (1 bis 5 Sterne) laut Statista und ImmobilienScout24
3. Tätigkeit als Makler in Jahren (5 bis zu 50 Jahre)

Checkliste

Was für einen guten Makler spricht

Je mehr Anforderungen aus der folgenden Liste der Makler erfüllt, desto besser ist er.

- ☐ Mitglied im IVD (Immobilienverband Deutschland)
- ☐ Hauptberuflich als Immobilienmakler tätig
- ☐ Jederzeit telefonisch erreichbar während der Arbeitszeiten (auch am Samstag)
- ☐ Spezialisiert auf den Verkauf von Immobilien, die Ihrem Haus oder Ihrer Wohnung ähneln
- ☐ Spezialisiert auf das Einzugsgebiet, in dem auch Ihre Immobilie liegt
- ☐ Profunder Kenner des örtlichen Immobilienmarkts
- ☐ Vorhandene Referenzen und Beispiele für kürzlich verkaufte Objekte, die mit Ihrer Immobilie vergleichbar sind
- ☐ Eigene professionelle Internetseite mit detaillierten Informationen „Über uns" und über zum Verkauf angebotene Immobilien
- ☐ Schaukästen vor dem Bürogebäude oder zusätzlich in stark frequentierten Fußgängerzonen und Einkaufszentren
- ☐ Kooperation mit anderen Maklern (sog. Maklerbörse) oder mit Banken und Sparkassen
- ☐ Aussagekräftiger Lebenslauf (Vita)
- ☐ Besondere fachliche Qualifikationen
- ☐ Langjährige Berufserfahrung als Immobilienmakler
- ☐ Häufig zitierter Experte in Tageszeitungen und Fachzeitschriften
- ☐ Vertrauens- und Glaubwürdigkeit durch Empfehlungen von Kollegen, Bekannten, Freunden oder Verwandten

Freundliches Auftreten
Der Makler oder die Maklerin vertritt Sie bei Kaufinteressenten.

4. Schwerpunkt Verkauf oder Vermietung (K oder M)
5. Preisklasse bei Verkauf (500 bis 8 000 Euro pro qm)
6. Premiumpartner ImmobilienScout24 (ja/nein)
7. Service bei Immobilienbewertung (ja/nein)
8. Kundensuchservice (ja/nein)
9. Service bei Immobilienfinanzierung (ja/nein)
10. Service bei Kaufvertragsentwurf (ja/nein).

Es liegt dann an Ihnen, die für Sie besonders geeigneten Kriterien entsprechend zu gewichten. Wer beispielsweise besonders viel Gewicht auf Kundenempfehlungen mit 4 bis 5 Sternen und eine jahrzehntelange Maklertätigkeit (siehe Kriterien 2 und 3) legt, wird in der Liste schnell fündig.

Ein anderer privater Immobilienverkäufer wird sich vielleicht mehr für den Schwerpunkt Verkauf und die jeweilige Preisklasse dabei (siehe Kriterien 4 und 5) interessieren. Möglicherweise kommt es einem dritten Verkäufer vor allem auf den umfassenden Service (siehe Kriterien 7 bis 10) an.

Auch hierzu ein Beispiel: Ein Düsseldorfer Immobilienmakler, der 20 Jahre auf dem Immobilienmarkt in Düsseldorf und Umgebung tätig ist und sich schwerpunktmäßig auf den Verkauf in der Preisklasse 1500 bis 4 000 Euro pro Quadratmeter Wohnfläche spezialisiert hat, bekam vier Sterne für relativ zahlreiche Kundenempfehlungen und bot umfassenden Service. Außerdem ist er Premiumpartner bei ImmobilienScout24. Dass er nur einen Stern für Empfehlungen von Kollegen bekam, stört den guten Gesamteindruck nicht.

Da dieser Makler bis auf die geringe Anzahl von Kollegenempfehlungen alle genannten Kriterien erfüllt hat, sollte er bei der Suche nach einem seriösen und qualifizierten Makler in die engere Wahl kommen.

Ein ähnliches Bild bot ein anderer Makler. Er bekam zwei Punkte für Kollegenempfehlungen (statt nur einem) und drei statt vier Sterne für Kundenempfehlungen. Er war bereits 39 Jahre auf dem Markt mit Schwerpunkt Verkauf in der Preisklasse bis

4000 Euro tätig und bot ebenfalls umfassenden Service. Dass er kein Premiumpartner von ImmobilienScout24 war, kann ihm sicherlich nicht angekreidet werden.

Übertroffen wurde er noch von einem Makler mit 42 Jahren Berufserfahrung, drei Punkten für Kollegenempfehlungen und vier Sternen für Kundenempfehlungen. Auch dieser Top-Makler hat den Schwerpunkt Verkauf in der Preisklasse 2000 bis 4000 Euro, bietet umfassenden Service und ist zudem Premiumpartner von ImmobilienScout 24.

Das Sondersiegel „Focus-Experte" erhielt indes ein Immobilienmakler mit 35 Jahren Berufserfahrung, der sich auf den Verkauf in der höheren Preisklasse von 3500 bis 10000 Euro spezialisiert hatte und ebenfalls umfassenden Service bot. Es gab zwei Punkte für Kollegenempfehlungen. Zu den Kundenempfehlungen gab es den Hinweis k. A. = keine Angabe. Ganz offensichtlich hat diese in Düsseldorf sehr bekannte und alteingesessene Maklerfirma Empfehlungen von Kunden in diesem höheren Preissegment aufgrund ihres sehr guten Rufes gar nicht nötig.

Der richtige Maklervertrag

Wenn Sie Ihre Immobilie über einen seriösen Makler verkaufen wollen, sollten Sie klare vertragliche Vereinbarungen treffen.

Damit es später nicht zu Streitigkeiten um die Auslegung der getroffenen Vereinbarungen kommt, empfiehlt sich ein schriftlich abgeschlossener Maklervertrag. In den meisten Fällen dürfte es sich dabei um einen Alleinauftrag handeln.

Seien Sie sich bewusst, dass Maklerverträge keiner besonderen Form bedürfen und daher auch mündlich abgeschlossen werden können. Ein Vertrag kommt bekanntlich schon durch Antrag und Annahme zustande. Wenn Sie also mündlich dem Makler den Auftrag zum Verkauf Ihrer Immobilie geben und der Makler Ihren Auftrag annimmt, ist ein Maklervertrag bereits zustande gekommen. Die Beweislast für das Zustandekommen eines mündlich abgeschlossenen Maklervertrags trägt der Makler.

Der Makler verpflichtet sich, eine Nachweis- und/oder Vermittlungstätigkeit zu erbringen, die im Falle des erfolgreichen Ab-

Maklervertrag
Der Handschlag allein reicht nicht aus, es sollte schon ein schriftlicher Vertrag sein.

schlusses eines notariell beurkundeten Kaufvertrags provisionspflichtig ist.

Die vier Voraussetzungen für einen Anspruch des Maklers auf Maklerprovision sind:

1. Maklervertrag zwischen Auftraggeber (z. B. Verkäufer) und Makler
2. Notarieller Kaufvertrag zwischen Kaufer und Verkäufer (als Hauptvertrag)
3. Nachweis- oder Vermittlungstätigkeit des Maklers
4. Ursächlichkeit der Maklertätigkeit für den Abschluss des notariellen Kaufvertrags.

Sie müssen also eine Reihe von Vertragsinhalten mit dem Makler klären, bevor Sie einen schriftlich abgeschlossenen Maklervertrag auch unterschreiben.

Grundsätzlich sollten Sie im Maklervertrag eine nicht zu lange Laufzeit vereinbaren. Eine Laufzeit von sechs oder gar neun Monaten zum Beispiel bindet Sie viel zu stark an einen einzigen Makler, wenn Sie einen Alleinauftrag abschließen und während dieser langen Laufzeit keine anderen Makler beauftragen dürfen. Drei Monate Laufzeit müssten zunächst reichen. Wenn Sie trotz fehlender Kaufinteressenten mit Ihrem Makler zufrieden sind, könnten Sie ja den Maklervertrag um erneut drei Monate verlängern.

- Der gewöhnliche Maklervertrag mit der Option zur Einschaltung von mehreren Maklern klingt für den Verkäufer auf den ersten Blick durchaus verlockend. Jedoch hinterlassen Inserate von mehreren Maklern für die gleiche Immobilie bei Kaufinteressenten einen schlechten Eindruck. Dies gilt vor allem für den Fall, dass sich Angaben zum Objekt oder sogar zum Preis widersprechen. Nur zu leicht glaubt der Kaufinteressent, dass Sie Ihre Immobilie unbedingt verkaufen müssen, also um jeden Preis.
- Sie sollten davon ausgehen, dass Ihr Makler bei einem erteilten Alleinauftrag mehr Engagement und Zeit für den Verkauf Ihrer Immobilie investiert. Der Alleinauftrag ist daher nicht nur für Ihren Makler, sondern auch für Sie als Verkäufer in aller Regel die bessere Alterna-

Checkliste

Was ein Maklervertrag enthalten sollte

Zu Ihrer eigenen Sicherheit und zur Sicherheit des von Ihnen mit dem Verkauf betrauten Maklers empfiehlt sich der schriftliche Abschluss eines Maklervertrags. Dieser sollte folgende Punkte enthalten:

- ☐ Beginn und Laufzeit des Maklervertrags (zum Beispiel: drei Monate ab 15. Oktober 2018)
- ☐ Möglichkeiten zur Kündigung oder Verlängerung des Maklervertrags (zum Beispiel vorzeitige Kündigung durch den Verkäufer aus wichtigem Grund oder Verlängerung der Laufzeit nur auf eigenen Antrag des Verkäufers)
- ☐ Ausschluss von anderen Maklern während der Laufzeit des Maklervertrags (Alleinauftrag) oder Option von mehreren, zeitlich nebeneinander bestehenden Maklerverträgen (beim gewöhnlichen Maklervertrag)
- ☐ Höhe der vereinbarten und vom Verkäufer zu zahlenden Maklerprovision beim Abschluss eines notariellen Kaufvertrags, falls dieser durch die Nachweis- oder Vermittlungstätigkeit des Maklers zustande gekommen ist
- ☐ Nur beim qualifizierten Alleinauftrag: Besondere Vereinbarung, dass die Maklerprovision für den Verkäufer auch fällig wird, wenn der Abschluss durch eigene Kaufinteressenten zustande kommt.

tive. Sie binden sich zwar für zum Beispiel drei Monate nur an einen Makler. Allerdings können Sie bei sorgfältiger Maklerauswahl davon ausgehen, dass sich Ihr Makler intensiv um die Vermarktung Ihrer Immobilie kümmert.

▶ Einen qualifizierten Alleinauftrag, in dem auch für den Fall eine Provisionspflicht vereinbart wird, dass die Nachweis- oder Vermittlungstätigkeit Ihres Maklers nicht zum Erfolg geführt hat, sollten Sie jedoch eher nicht unterschreiben. Sie würden sich wahrscheinlich schwarzärgern, wenn sich ein Kaufinteressent direkt bei Ihnen meldet, ohne vorher Kontakt zum beauftragten

Makler aufgenommen zu haben, und dieser tatsächlich mit Ihnen einen notariellen Kaufvertrag abschließen möchte. Sie werden vermutlich fragen: Wie sollte dies denn möglich sein, wenn nur der von Ihnen beauftragte Makler Immobilieninserate aufgibt und der Kaufinteressent auch nicht in seiner Kundenkartei auftritt? Diese Konstellation kommt aber tatsächlich häufiger vor, als Sie vielleicht annehmen.

Oft ist die Internetanzeige Ihres Maklers schon so genau, dass ein Interessent die genaue Lage der Immobilie über „Google Earth" zumindest erahnt. Beim Vorbeifahren oder -schauen wird er in bestimmten Fällen mit hoher Wahrscheinlichkeit das Haus finden, das verkauft werden soll.

Darüber hinaus kann es sein, dass Ihre Verkaufspläne den Nachbarn bekannt sind und diese einem neugierigen Kaufinteressenten den entscheidenden Tipp geben. Vermutlich werden Sie einen Kaufinteressenten, der höflich bei Ihnen anruft und um eine Besichtigung bittet, nicht schroff abweisen. Etwas anderes gilt sicher für den Fall, dass ungebetene Interessenten plötzlich vor ihrer Tür stehen und sich schon einmal umsehen wollen.

Wenn Sie einem Immobilienmakler einen Alleinauftrag erteilen wollen, müssen Sie sich zunächst zwischen einem einfachen Makler-Alleinauftrag und einem qualifizierten Makler-Alleinauftrag entscheiden.

So sieht ein Makler-Alleinauftrag aus

Beim einfachen Makler-Alleinauftrag (siehe Seite 90) verzichten Sie darauf, weitere Makler zu beauftragen und den Vertrag jederzeit widerrufen zu können. Infolge dieser Einschränkung hat der Makler die Pflicht tätig zu werden. Der Makler-Alleinauftrag muss zeitlich begrenzt sein und darf nicht länger als ein Jahr dauern. Danach kann wieder ein neuer Vertrag abgeschlossen werden.

So sieht ein qualifizierter Makler-Alleinauftrag aus

Der qualifizierte Makler-Alleinauftrag kommt beim Verkauf von Immobilien seltener vor. In diesem Fall verzichten Sie als Eigentümer auf eine Selbstvermarktung (Verbot des Privatverkaufs ohne Makler) und verpflichten sich, Interessenten an den Makler zu verweisen (Verweisungsklausel) und ihn bei Vertragsverhandlungen hinzuziehen (Hinzuziehungsklausel). Der qualifizierte Makler-Alleinauftrag kann nicht durch Allgemeine Geschäftsbedingungen (AGB) oder über einen einfachen Formularvertrag, sondern nur individuell wirksam vereinbart werden.

Mustertext

Makler-Alleinauftrag

für die Vermittlung eines Verkaufsobjekts

....

Name Eigentümer, PLZ, Ort, Straße, Nr.

Als Eigentümer beauftragen wir Herrn/Frau/Firma

....

Name Makler, Firma, PLZ, Ort, Straße, Nr.,

als Makler einen Käufer für diese Immobilie nachzuweisen und/oder zu vermitteln:

....

PLZ, Ort, Straße, Nr., Blatt Nr., Wohnungsnummer

Der Maklervertrag wird über eine Laufzeit von .... Monaten geschlossen und verlängert sich um jeweils .... Monate, wenn er nicht einen Monat vor Ablauf gekündigt wird. Nach Ablauf eines Jahres endet der Vertrag, ohne dass es einer Kündigung bedarf.

Die anfängliche Preisvorstellung für den Verkauf beträgt .... Euro.

Der Eigentümer verzichtet darauf, während der Laufzeit des Vertrages weitere Makler zu beauftragen. Ferner wird er den Makler unverzüglich informieren, wenn er seine Verkaufsabsicht aufgibt.

Der Makler verpflichtet sich, sofort, intensiv, nachhaltig sowie fach- und sachgerecht mit der Sorgfalt eines ordentlichen Kaufmanns tätig zu werden, Kaufinteressenten zu akquirieren und alle sich ergebenden Vertragsabschlusschancen zu nutzen.

Der Makler ist berechtigt, selbst weitere Makler zu beauftragen (sog. Gemeinschaftsgeschäfte), wenn dadurch dem Auftraggeber keine weiteren Kosten oder andere Verpflichtungen entstehen.

Nach den gesetzlichen Bestimmungen des Geldwäschegesetzes (GWG) ist der Makler verpflichtet, die Identität des Auftraggebers zu überprüfen. Der Auftraggeber wird ihm alle dafür erforderlichen Unterlagen aushändigen, die der Makler fünf Jahre lang zu archivieren hat.

Es wird eine Maklerprovision von .... % aus dem Verkaufspreis (inkl. MwSt.) vereinbart. Die Provision ist im Falle des Erfolges verdient, mit Abschluss des notariellen Kaufvertrags fällig und vom Verkäufer zu zahlen.

Der Makler kann auch für den Kaufinteressenten eine provisionspflichtige Nachweis- und/oder Vermittlungstätigkeit entfalten, sofern dies nicht zu einer vertragswidrigen Kollision mit den Interessen des Auftraggebers führt.

Vertragsgegenstand sind auch die Anlagen mit den Nummern

....

Änderungen des Vertrags bedürfen der Schriftform.

...., den ....

.... Auftraggeber .... Makler

Vereinbarung und Zahlung der Maklerprovision

Streit über die Höhe der Maklerprovision kann man vermeiden, wenn die Zahlungsmodalitäten klar und deutlich in einem schriftlichen Maklervertrag vereinbart wurden.

Je nach Vereinbarung hat nur der Verkäufer, nur der Käufer oder haben Verkäufer und Käufer zu gleichen Teilen die Maklerprovision nach Abschluss des notariellen Kaufvertrags zu zahlen.

Vielen Verkäufern oder Käufern erscheint die Maklerprovision zu hoch. Sie vergessen dabei aber allzu gern, dass der Immobilienmakler die Provision nur nach erfolgreich abgeschlossenen und notariell beurkundeten Kaufverträgen verdient und dass er bei einer erfolglosen Vermittlung auf seinen Kosten sitzen bleibt. „Maklermüh ist oft umsonst", heißt es nicht zu Unrecht in Maklerkreisen.

Das aus dem Französischen stammende Wort „Courtage", das so viel wie Maklergebühr bedeutet, wird synonym mit dem Wort „Provision" beziehungsweise Vermittlungsgebühr gebraucht. Maklercourtage und Maklerprovision meinen also dasselbe.

Man sollte Courtage aber nicht wie „Kurtage" schreiben oder gar so aussprechen. Unter Kurtagen wird der Leser oder Hörer die Tage in der Kur verstehen und nicht die Provision.

→ Bestellerprinzip bei der Maklercourtage?

Missverständnisse können durch das ab 1.6.2015 neu eingeführte Prinzip „Wer bestellt, bezahlt" entstehen. Dieses Bestellerprinzip, das man mit „Wer die Musik bestellt, muss sie auch bezahlen" umschreiben kann, bezieht sich ausschließlich auf die Zahlung der Maklerprovision bei der Wohnungsvermietung. Die Höhe dieser Maklerprovision ist auf maximal zwei Nettokaltmieten zuzüglich Mehrwertsteuer beschränkt, also bei einem Mehrwertsteuersatz von 19 Prozent auf 2,38 Nettokaltmieten.

Wenn Vermieter ab 1.6.2015 einen Makler mit der Suche und Auswahl eines geeigneten Mieters für ihre Wohnung beauftragen und durch die Vermittlung des beauftragten Maklers ein Mietvertrag abgeschlossen wird, muss neuerdings der Vermieter die vereinbarte Maklerprovision zahlen und nicht – wie vorher meist üblich –

Wer bezahlt den Makler?
Beim Verkauf von Immobilien ist die Aufteilung der Maklerprovision individuell zu vereinbaren.

der Mieter. Der Mieter zahlt künftig nur dann die Provision, wenn er selbst den Makler beauftragt hat und mit dessen Hilfe eine geeignete Wohnung zur Miete gefunden hat.

Das neu eingeführte Bestellerprinzip gilt also nur für Vermietungen und nicht für Verkäufe. Wenn Verkäufer einen Makler mit der Suche und Auswahl eines Käufers beauftragen, werden sie im Falle der erfolgreichen Vermittlung also nicht grundsätzlich zur Kasse gebeten. Ob Sie gar nichts oder nur einen Teil der gesamten Maklerprovision zahlen müssen, hängt von der getroffenen Provisionsvereinbarung ab.

Höhe und Aufteilung der marktüblichen Maklerprovision auf Käufer und Verkäufer hängen von örtlichen Gepflogenheiten beziehungsweise dem jeweiligen Bundesland ab, in dem die Immobilie liegt.

Zwar handelt es sich bei den in der Tabelle „Wer wie viel Maklerprovision zahlt“ (siehe Seite 94) aufgeführten Provisionssätzen nur um unverbindliche Richtwerte. Insbesondere die im Maklerverband IVD (Immobilienverband Deutschland) zusammengeschlossenen Makler halten sich aber fast immer daran.

Als Standard gilt eine Provision von insgesamt 7,14 Prozent des Kaufpreises einschließlich Mehrwertsteuer sowie die gleichmäßige Aufteilung dieser Provision auf Käufer und Verkäufer. In 9 von 16 Bundesländern zahlen also Käufer und Verkäufer jeweils 3,57 Prozent des Kaufpreises (3 Prozent zuzüglich Mehrwertsteuer von aktuell 19 Prozent). Laut Tabelle ist dies beispielsweise die Regel in den drei bevölkerungsreichsten Bundesländern Nordrhein-Westfalen, Bayern und Baden-Württemberg. In Niedersachsen zahlt der Käufer 3,57 Prozent des Kaufpreises. Je nach Region und Vereinbarung liegt die Provision für den Verkäufer bei bis zu 3,57 Prozent und kann somit auch entfallen. Käufer in Mecklenburg-Vorpommern zahlen mit 3,57 Prozent mehr als die Verkäufer, die mit 2,38 Prozent Maklerprovision davonkommen.

In fünf Bundesländern zahlt allein der Käufer die volle Provision. Dazu zählen Berlin und Brandenburg mit dem stolzen

Wer wie viel Maklerprovision zahlt

Höhe und Aufteilung der Maklerprovision richten sich nach dem Bundesland. Nur in fünf Bundesländern (Berlin, Brandenburg, Bremen, Hamburg und Hessen) zahlen Verkäufer keine Provision.

Bundesland	Maklerprovision gesamt	Anteil Verkäufer	Anteil Käufer
Baden-Württemberg	7,14 %	3,57 %	3,57 %
Bayern	7,14 %	3,57 %	3,57 %
Berlin	7,14 %	0 %	7,14 %
Brandenburg	7,14 %	0 %	7,14 %
Bremen	5,95 %	0 %	5,95 %
Hamburg	6,25 %	0 %	6,25 %
Hessen	5,95 %	0 %	5,95 %
Mecklenburg-Vorpommern	5,95 %	2,38 %	3,57 %
Niedersachsen	7,14 % oder 4,76 – 5,95 %	3,57 % oder 0 %	3,57 % oder 4,76 – 5,95 %
Nordrhein-Westfalen	7,14 %	3,57 %	3,57 %
Rheinland-Pfalz	7,14 %	3,57 %	3,57 %
Saarland	7,14 %	3,57 %	3,57 %
Sachsen	7,14 %	3,57 %	3,57 %
Sachsen-Anhalt	7,14 %	3,57 %	3,57 %
Schleswig-Holstein	7,14 %	3,57 %	3,57 %
Thüringen	7,14 %	3,57 %	3,57 %

Boomtown Berlin
Hohe Kaufnebenkosten und Maklergebühren setzen Immobilienpreise unter Druck.

Höchstsatz von 7,14 Prozent des Kaufpreises, Hamburg mit 6,25 Prozent sowie Bremen und Hessen mit 5,95 Prozent des Kaufpreises.

Kaufnebenkosten erhöhen den Druck auf den Kaufpreis

Die länderspezifische Zersplitterung bei den Provisionssätzen setzt sich bei der Grunderwerbsteuer fort, die je nach Bundesland zwischen 3,5 Prozent (zurzeit nur noch in Bayern und Sachsen) und hohen 6,5 Prozent des Kaufpreises (in Nordrhein-Westfalen, Saarland, Brandenburg, Thüringen und Schleswig-Holstein) ausmacht.

Wenn Verkäufer glauben, die Höhe der ausschließlich vom Käufer zu zahlenden Maklerprovision und der ebenfalls vom Käufer zu zahlenden Grunderwerbsteuer ginge sie überhaupt nichts an, ist dies zu kurz gedacht.

Wenn beispielsweise für Käufer in Berlin insgesamt 13,14 Prozent des Kaufpreises nur für Maklerprovision und Grunderwerbsteuer anfallen, wozu typischerweise noch rund 1,5 Prozent des Kaufpreises für Notar- und Grundbuchgebühren hinzukommen, liegen die Kaufnebenkosten schon bei über 14,6 Prozent des Kaufpreises. Auch in Hessen summieren sich Maklerprovision, Grunderwerbsteuer sowie Notar- und Grundbuchgebühren auf rund 13,5 Prozent.

Extrem hohe Kaufnebenkosten von 13 bis 15 Prozent wie in Berlin, Brandenburg und Hessen werden potenzielle Käufer möglicherweise vom Kauf abschrecken. Oder sie versuchen, die allein von ihnen zu tragende Maklerprovision durch Drücken des Kaufpreises ganz oder zumindest teilweise wieder wettzumachen. Dieses verständliche Verhalten fällt dann aber auch auf den Verkäufer zurück, der einen Makler mit der Vermittlung seiner Immobilie beauftragt hat.

Es ist also ein Irrtum zu glauben, Kaufinteressenten würden hohe Kaufnebenkosten jederzeit widerstandslos schlucken und dies wirke sich nie auf den Kaufpreis aus. Das Gegenteil ist eher der Fall. Je höher die Kaufnebenkosten ausfallen, desto eher wagen sich Käufer an Verhandlungen über den Preis heran.

Ihre Entscheidungen trotz Maklervertrags

Trotz Einschaltung eines Maklers sind Sie immer Herr des Verfahrens. Ohne Ihre Zustimmung zum Preis und zum Käufer läuft nichts.

Auch wenn Sie einen Makler mit der Suche nach einem Käufer für Ihre Immobilie beauftragen, werden Sie mindestens drei Entscheidungen ganz allein treffen:

- Höhe des tatsächlichen Kauf- beziehungsweise Verkaufspreises
- Auswahl des Käufers unter mehreren Interessenten
- tatsächlicher Abschluss des notariellen Kaufvertrags.

Ihr Makler wird zwar die Preisfindung übernehmen und einen Angebotspreis vorschlagen. Diesen Preis müssen Sie aber nicht akzeptieren. Wenn Ihnen der Makler empfiehlt, den Angebotspreis wegen der zu geringen Nachfrage zu senken, müssen Sie auch dieser Empfehlung nicht folgen. Die Höhe des tatsächlichen Kauf- beziehungsweise Verkaufspreises bestimmen Sie immer noch selbst.

Dennoch ist es in aller Regel sinnvoll, den Preisvorschlägen des Maklers zu folgen. Er hat aufgrund seiner Immobilien- und Ortskenntnisse am ehesten den Überblick, welcher Preis für Ihre Immobilie auf dem Markt erzielbar ist.

Präsentiert der Makler Ihnen mehrere potenzielle Käufer, die den gleichen Preis zahlen wollen, liegt es an Ihnen, für wen Sie sich entscheiden. Dabei sollte nicht das Bauchgefühl die entscheidende Rolle spielen, sondern die Sicherheit über die Zahlung des Kaufpreises. Es nützt Ihnen nichts, wenn Ihnen ein potenzieller Käufer besonders sympathisch ist, der aber den Kaufpreis letztlich nicht zahlen kann.

Keiner – auch kein Makler – kann Sie bei Vorhandensein von ernsthaften Kaufinteressenten zum Abschluss des notariellen Kaufvertrags zwingen. Wenn Sie es sich also noch einmal anders überlegen und Ihre Immobilie weiter behalten wollen, lassen Sie den Maklervertrag einfach zum Ende der Laufzeit auslaufen. Fair ist dies gegenüber dem Makler allerdings nicht. Schließlich hat er sich nach Kräften bemüht, einen Käufer für Ihre Immobilie zu finden. Sie sollten sich daher bei Erteilung des Maklerauftrags ganz sicher sein, dass Sie Ihre Immobilie auch tatsächlich verkaufen wollen.

Versteigern mit Makler

In Ausnahmefällen kann ein freihändiger Verkauf scheitern, oder es wird ganz bewusst nach einer anderen Lösung gesucht. Dieser Lösungsweg heißt Versteigern.

Bei der freiwilligen Versteigerung (zum Beispiel über die Deutsche Grundstücksauktionen AG in Berlin) kann ein Immobilienmakler helfen, die erforderlichen Unterlagen für den Auktionator aufzubereiten und ein werbewirksames Exposé zu erstellen. Diese Tätigkeiten kann er gegen ein vertraglich vereinbartes Honorar übernehmen. Eine Maklerprovision zu seinen Gunsten fällt nicht an, da nach dem erfolgreichen Versteigern der Immobilie der Auktionator eine Vergütung erhält.

Auch bei der Zwangsversteigerung von Immobilien vor dem örtlichen Amtsgericht kann ein darauf spezialisierter Immobilienmakler seine Dienste anbieten. Dazu zählen beispielsweise die Suche nach Bietinteressenten in der eigenen Kundenkartei sowie die Betreuung von Besichtigungsterminen. Eine Provision wie nach Abschluss eines notariellen Kaufvertrags steht ihm nicht zu, wenn die Immobilie tatsächlich versteigert wird. Er kann aber im Maklervertrag eine Vergütung für diesen Fall einfordern. Zudem kann es durchaus sein, dass der Makler die Immobilie doch noch freihändig verkauft und der Versteigerungstermin danach abgewendet werden kann.

Eine Teilungsversteigerung zum Zwecke der Aufhebung von Grundstücksgemeinschaften kann ein Miteigentümer beantragen. Das kann der in Scheidung lebende Ehegatte sein, der das gemeinsame Haus unter den Hammer bringen will. Infrage kommt aber auch ein Miterbe, der seinen Anteil am gemeinsamen Grundbesitz endlich zu Geld machen möchte. In diesem Fall kann ein Immobilienmakler dafür sorgen, dass möglichst viele Bietinteressenten am Versteigerungstermin erscheinen und sich gegenseitig überbieten. Dadurch wird ein höherer Versteigerungserlös möglich, der dann unter der Erbengemeinschaft entsprechend deren Anteilen aufgeteilt wird.

Vereinzelt erzwingen Eigentümer eine Zwangsversteigerung, indem sie die Zahlung der Raten an die Bank einstellen. Sie spekulieren darauf, mithilfe eines Immobilienmaklers viele Interessenten zum Bieten im Versteigerungstermin zu animieren, um so einen besseren Erlös „rauszuholen" als bei einem freihändigen Verkauf. Der Schuss kann aber nach hinten losgehen, vor allem, weil der Schuldner auch sämtliche Gerichtskosten tragen muss, die von der Gläubigerbank zunächst nur vorgestreckt wurden.

Besonderheiten verschiedener Immobilienarten

Jede Immobilie ist ein Unikat. Große Unterschiede gibt es zwischen selbst genutzten und vermieteten Immobilien. Aber auch auf die Besonderheiten von Einfamilienhaus, Eigentumswohnung oder Miethaus müssen Sie beim Verkauf Ihrer Immobilie achten.

Es gibt eine Fülle von unterschiedlichen Immobilienarten. Die gängigste Unterteilung sieht wie folgt aus:

- **Das Einfamilienhaus** kann ein freistehendes Einfamilienhaus, eine Doppelhaushälfte oder ein Reihenhaus von Selbstnutzern und Vermietern sein.
- **Die Eigentumswohnung** im Mehrparteienhaus wird von Selbstnutzern bewohnt oder von Vermietern bewirtschaftet.
- **Das Miethaus** ist ein reines Mietwohnhaus, ein Wohn- und Geschäftshaus oder auch eine Gewerbeimmobilie wie ein Bürohaus oder Supermarkt.

Die meisten Privatverkäufer wollen in erster Linie ihr Einfamilienhaus oder ihre Eigentumswohnung verkaufen. Dies schließt aber den Besitz und späteren Verkauf von Miethäusern nicht aus, da die ältere Generation nicht selten im Besitz dieser auch Zins- oder Renditehaus genannten Mietobjekte ist und über Schenkungen oder Erbschaften an die nächstfolgende Generation weitergibt.

Verkauf eines Einfamilienhauses

Eigentümer eines Einfamilienhauses wollen in der Regel so lange wie möglich darin wohnen bleiben und verdrängen häufig das Thema Verkaufen, Vererben oder Verschenken.

Wenn das Einfamilienhaus dann auch noch in einer gefragten Region liegt, nicht älter als 35 Jahre ist und immer gut in Schuss gehalten wurde, kann der Verkauf gerade in Zeiten einer verstärkten Nachfrage nach Eigenheimen ein Kinderspiel sein. Warum dann noch ein Exposé anfertigen? Eine Internetanzeige wird schon reichen und die Kaufinteressenten werden Schlange stehen.

Schön wär's für die Verkäufer, wenn dies immer so wäre. Tatsächlich kann der Verkauf eines freistehenden Einfamilienhauses sehr zäh verlaufen, wenn es in einer ländlichen und wenig attraktiven Region liegt oder beispielsweise in den 1950er Jahren gebaut wurde.

Ob freistehendes Einfamilienhaus, Doppelhaushälfte oder Reihenhaus – bei diesen Immobilien verkaufen Sie neben dem Haus auch das Ihnen gehörende Grundstück, sofern das Haus nicht wie beim Erbbaurecht auf fremdem Grund steht.

In Ihrem Exposé sollten Sie daher auch sachlich die Besonderheiten von Lage und Grundstück beschreiben, ohne zu viel Euphorie zu versprühen. Der Kaufinteressent kann sich dann nach eigenem Augenschein davon überzeugen, dass Ihre Angaben richtig sind.

Dass auch ein 1953 gebautes freistehendes Einfamilienhaus mit eigentlich viel zu großem Grundstück in einer ländlichen Region Käufer finden kann, zeigt das folgende Beispiel. Dieses Haus wurde Anfang Mai verkauft, nachdem der Eigentümer im Februar damit begonnen hatte, das Exposé in Form von Handzetteln beziehungsweise Flyern in der engen und weiteren Nachbarschaft zu verteilen. Es wandte sich bewusst an die Zielgruppe „junge Familie mit Kindern und Freude an der Natur".

Wie erhofft meldeten sich rund zehn ernsthafte Kaufinteressenten, darunter ausschließlich junge Familien mit Kindern. Der anhand einer Onlinebewertung von vdp Research und zusätzlicher Vergleichsobjekte am Ort sorgfältig ermittelte Kaufpreis in Höhe von 195 000 Euro wurde von den Käufern (Ehepaar zu je ½) akzeptiert. Sie erwarben ein recht altes, aber in Schuss gehaltenes Haus für 1300 Euro pro Quadratmeter

Mustertext

Verkauf eines älteren Einfamilienhauses mit sehr großem Grundstück

Privat zu verkaufen ist unser schmuckes Einfamilienhaus am westlichen Stadtrand von A........

Lage (wo?): Unser Haus befindet sich am westlichen Rand der Kreisstadt A......... am auslaufenden Nordhang des Naturparks „A............. Wald". Bis zur nahen BAB-Auffahrt sind es nur 2 km. Ein buntes Spektrum an Kindergärten, Schulen, Bushaltestellen, Sparkassen und Geschäften ist dort im fußläufigen Nahbereich anzutreffen. Trotz dieser günstigen Ausgangslage findet man an „unserem" Haus verkehrsberuhigte Verhältnisse (Sackgasse und Tempo-30-Zone) vor.

Außenanlagen (was?): Der Besuch freut sich über einen zweiten Pkw-Stellplatz. Es gibt auf dem über 800 qm großen Grundstück einen großzügigen Nutz- und Ziergarten mit Obst-, Gemüse- und Blumenbereich sowie mit Hecken und Plattenwegen. Kleine Kinder werden sich über ein reichhaltiges Platzangebot für Sandkasten, Schaukel und Spielgeräte freuen. Ein gemütliches Holzgartenhaus von 3x3m und ein überdachter Pavillon erlauben verschiedenste Nutzungen vom Grillabend bis zur Skatrunde. Der Leser von Zeitungen und Büchern findet hier Muße für ungestörte Lektüre. Ein Holzschuppen und eine überdachte Stellage sorgen für allzeit trockenes Kaminholz. Ein Gartenteich von 5 qm Größe bietet dem Naturfreund eine artenreiche Ökoinsel.

Gebäude (wann und was?)

1953 erste Baustufe als Kleinsiedlungshaus

1969 Anbau einer Garage

1989 Aufstockung der Garage und Erstellung von Dachgauben und einer Loggia, Dacherneuerung sowie Einbau von Kunststofffenstern mit Isolierglas und Rollläden, Kaminofenanschluss im Wohnzimmer, Satellitenschlüssel mit optimalem Radio- und TV-Empfang, Einrichtung eines Hobby-Fotolabors im Keller

2013 Einbau eines Wärmedämmverbundsystems auf den Außenwänden, neue Gaszentralheizung mit Brennwerttechnik

Abmessungen (wie groß?)

Grundstücksgröße 831 qm (ca. 34 x 24,5 m)
Wohnfläche 150 qm, zusätzliche Nutzfläche 50 qm im Keller
Garage 24 qm

Preis (wie viel?)

Kaufpreis 195 000 Euro

Kontakt (wer?)

Eigentümer ....

Anschrift ....

Tel. Nr. ...., E-Mail: ....

Wohnfläche. Nach Einzug wollten sie eine Modernisierung in Angriff nehmen, nachdem ein Baugutachter das Haus genau unter die Lupe genommen hatte.

Einfamilienhaus im Erbbaurecht

Wenn Sie Ihr Einfamilienhaus im Erbbaurecht erworben haben, müssen Sie an den Eigentümer des Grundstücks, also an den Erbbaurechtsgeber (zum Beispiel Kirche), einen laufenden Erbbauzins zahlen.

Erbbaurecht, das meist auf 99 Jahre befristet ist, wird ebenfalls durch notariell beurkundeten Vertrag und Eintragung in das Grundbuch begründet. Wenn Sie Erbbauberechtigter sind und Ihr auf fremdem Grund liegendes Einfamilienhaus verkaufen wollen, müssen Sie in der Regel die Zustimmung des Grundstückseigentümers beziehungsweise Erbbaurechtsgebers einholen.

Der Käufer tritt dann in den Erbbaurechtsvertrag ein und zahlt dann den meist zwischen drei und vier Prozent des Bodenwerts liegenden Erbbauzins. Dies ist für potenzielle Käufer in einer allgemeinen Niedrig- oder gar Nullzinsphase eher ein Nachteil. Viele können sich heutzutage auch den Kauf des Grundstücks finanziell leisten, indem sie ein entsprechend höheres Hypothekendarlehen bei ihrer Bank aufnehmen.

Umgekehrt kann der Verkauf eines Einfamilienhauses mit Erbbaurecht insbesondere für finanzschwache Käufer mit wenig Eigenkapital ein Vorteil sein. Möglicherweise erhalten diese nur dadurch eine Darlehenszusage und können sich dann doch noch den Traum vom Eigenheim erfüllen.

Weisen Sie aber Ihren Käufer darauf hin, dass außer den laufenden Bewirtschaftungskosten auch noch die Erbbauzinsen zu zahlen sind. Der Käufer sollte nicht nur die Anschaffungskosten für das reine Gebäude aus eigenen und fremden Geldmitteln finanzieren, sondern auch die höheren laufenden Kosten tragen können.

Photovoltaikanlage auf dem Dach

Was ist eigentlich mit einer Photovoltaikanlage auf dem Dach, die Sie mit Haus und Grundstück verkaufen wollen? Das hängt ganz davon ab, ob Sie eigenen Strom damit erzeugen oder Strom in andere Netze einspeisen lassen.

Im ersten Fall gehört die Photovoltaikanlage zum Haus und geht in den notariellen Kaufvertrag sowie in den Kaufpreis ein, auf den nach Abzug von eventuellem Zubehör die volle Grunderwerbsteuer zu zahlen ist.

Im häufigeren zweiten Fall ist die Photovoltaikanlage ein bewegliches Gut, das getrennt vom Haus verkauft wird.

Zwar kann im notariellen Kaufvertrag über das Haus auf den Erwerb der Photovoltaikanlage zwecks Fremdeinspeisung hingewiesen werden. Der in einem privatschriftlichen Vertrag vereinbarte Kaufpreis für die Photovoltaikanlage geht aber nicht in den Kaufpreis für das Einfamilienhaus ein und unterliegt daher auch nicht der Grunderwerbsteuer.

Der Käufer der Photovoltaikanlage tritt praktisch in die Fußstapfen des Voreigentümers ein und erzielt als Kleinunternehmer Einkünfte aus einem Gewerbebetrieb. Ein Gewinn zieht dann die Zahlung von Einkommensteuer nach sich. Gewerbesteuer fällt wegen der hohen Freibeträge in der Regel nicht an. Meist entscheiden sich die Eigentümer von Photovoltaikanlagen für die Umsatzsteuer. Dann sind zwar die Erlöse umsatzsteuerpflichtig. Andererseits führt die Vorsteuer auf die Investitionskosten zu Rückerstattungen.

Verkauf einer Photovoltaikanlage

Beispiel: 2008 Bau und Anschluss einer Photovoltaikanlage von 5,78 kWp mit Einspeisung in das öffentliche Stromnetz (mit jährlichem Gesamtertrag von 24921 kWh beziehungsweise 865 kWh/kWp in den ersten fünf Betriebsjahren).

Investitionskosten netto: 26 665 €

Jährliche Ertragsgarantie:
865 kWh x 5,78 kWp = 5 000 kWh

Garantierter Ertrag in Euro bei 51,8 Cent/kWh (gem. EEG fest für 20 Jahre):
000 kWh x 0,518 € = 2 590 € pro Jahr

Geschätzte Kosten (Solaranlagen- und Haft pflichtversicherung, Zählermiete, Wartungskosten, Reparaturrücklage) ca. 490 Euro

Jährlicher Reinertrag nach Abzug der Kosten und vor Steuern: 2 100 Euro

2018 Verkauf (nach zehn Jahren seit Bau und Anschluss):

Restbuchwert: ½ von 26 665 € = 13 332 €, da nach zehn Jahren zu 50 % abgeschrieben.

Geschätzter Reinertrag für weitere zehn Jahre vor Steuern:

2 100 € pro Jahr x 10 Jahre = 21 000 Euro

Preis: 16 000 Euro bei einer Rendite von rund 5 Prozent vor Steuern für den Käufer

Zwischen Vertragsabschluss und Besitzübergabe

Besonders zu regeln ist auch, wenn zwischen dem Abschluss des notariellen Kaufvertrags und der vereinbarten Besitzübergabe an den Käufer ein großer Zeitraum von sechs oder sogar zwölf Monaten und mehr liegt. Dies kommt beispielsweise vor, wenn Sie als Eigentümer und Verkäufer Ihr Haus noch für ein weiteres Jahr selbst nutzen wollen, weil erst in einem Jahr der geplante Umzug in ein im Bau befindliches neues Haus oder in eine Seniorenwohnanlage bevorsteht. Sie möchten den Verkauf aber so früh wie möglich über die Bühne bringen, um später nicht in unnötigen Stress zu geraten.

Einem Abschluss des notariellen Kaufvertrags schon zu einem sehr frühen Zeitpunkt steht grundsätzlich nichts im Wege. Dies bietet sowohl Ihnen als Verkäufer als auch Ihrem Käufer die nötige Sicherheit, dass der Besitzübergang und die Eigentumsumschreibung tatsächlich zu einem im Kaufvertrag festgelegten, aber noch mehr oder minder fernen Zeitpunkt erfolgen wird. Zugunsten des Käufers wird dazu eine Auflassungs- beziehungsweise Eigentumsvormerkung im Grundbuch eingetragen. Dies schützt ihn davor, dass Sie als Eigentümer die Immobilie in der Zwischenzeit an einen anderen Dritten verkaufen.

Im Gegenzug sollten Sie als Verkäufer aber eine Löschungsvollmacht des Käufers für den Fall vereinbaren, dass Ihr Käufer wider Erwarten später vom Kaufvertrag noch zurücktritt. Mit dieser Vollmacht kann der Notar nach Vertragsrücktritt umgehend die Vormerkung wieder löschen lassen.

Dass es zum Rücktritt des Käufers vom notariellen Kaufvertrag kommt, ist aber unwahrscheinlich. Schließlich hat er bereits die Grunderwerbsteuer, die Notargebühren für die Beurkundung des Kaufvertrags und die Gerichtsgebühren für die Eintragung der Eigentumsvormerkung bezahlt und müsste diese meist fünfstellige Summe sonst komplett abschreiben.

Um den Abschluss des Kaufvertrags mit Zahlung von Grunderwerbsteuer zu umgehen, könnten sich Käufer und Verkäufer auf jeweils verbindliche Kauf- beziehungsweise Verkaufsangebote einigen. Nach Ablauf von beispielsweise einem Jahr würde der Käufer das notariell beurkundete Verkaufsangebot des Verkäufers annehmen. Da beide Seiten zuvor noch keinen notariellen Kaufvertrag mit ihren Unterschriften abschließen, ist diese Lösung rechtlich unsicher. Beide Seiten können ihr Angebot noch widerrufen.

Verkauf einer Eigentumswohnung an Selbstnutzer

Beim Verkauf an künftige Selbstnutzer können sich Interessenten von Lage und Umgebung der Wohnung selbst ein Bild machen. Wichtiger ist die Innenbesichtigung der Räumlichkeiten.

→ **Ihre Eigentumswohnung** wird demnächst frei, weil Ihr Mieter Ihnen mit einer dreimonatigen Kündigungsfrist gekündigt hat oder weil Sie in Kürze aus der selbstgenutzten Eigentumswohnung ausziehen wollen? Dann ist die Gelegenheit für einen Immobilienverkauf günstig, sofern Sie keine steuerlichen oder finanziellen Nachteile (zum Beispiel steuerpflichtiger Veräußerungsgewinn wegen Nichteinhaltens der Zehnjahresfrist zwischen Kauf und Verkauf bei vermieteter Eigentumswohnung oder hohe Vorfälligkeitsentschädigung an die Bank wegen Ablösung des Darlehens vor Ablauf der Zinsbindungsfrist) zu befürchten haben.

Typischerweise erzielen Sie für leerstehende beziehungsweise demnächst frei werdende Eigentumswohnungen einen höheren Preis als für vermietete. Ihre Kaufinteressenten wollen die Eigentumswohnung selbst nutzen und sind daher eher bereit, Ihren Angebotspreis zu akzeptieren.

Meist wollen die Interessenten sofort alle Zimmer und die Ausstattung der angebotenen Eigentumswohnung genauestens selbst inspizieren. Wird Interesse am Kauf bekundet, sollten auf jeden Fall auch der zur Woh-

nung gehörende Kellerraum und der im Sondereigentum oder Sondernutzungsrecht stehende Tiefgaragen-Stellplatz besichtigt werden. Daran schließt sich dann die Besichtigung der Gemeinschaftsräume wie Waschmaschinen-, Trocken- und Fahrradraum an.

Nach der Besichtigung dieser außerhalb der Eigentumswohnungen liegenden Räume sollten Sie mit ernsthaften Kaufinteressenten ins Wohnzimmer zurückkehren und dort bei einer Tasse Kaffee alle Fragen anhand der bereits auf dem Tisch liegenden Unterlagen beantworten. Im Detail drehen sich die Fragen der Kaufinteressenten und Ihre Antworten auf diese Fragen insbesondere um folgende Punkte:

- **Teilungserklärung** mit Aufteilungsplan und Gemeinschaftsordnung
- **Höhe des monatlichen Hausgelds,** nachzuweisen anhand der aktuellen Verwalterabrechnung
- **Tatsächliche Betriebs-, Verwaltungs- und Instandhaltungskosten** im letzten Jahr, aus der letzten Verwalterabrechnung ersichtlich
- **Aktueller Stand** der Instandhaltungsrücklage
- **Wirtschaftsplan** für das laufende Jahr
- **Name und Kontaktdaten** des Hausverwalters
- **Name und Kontaktdaten** des Hausmeisters
- **Qualität des Reinigungsdiensts** im Haus (z. B. Treppenhausreinigung) und der Gartenpflege
- **Protokolle** der letzten drei Eigentümerversammlungen
- **Wohnungsbeirat** (mit Nennung der Beiratsmitglieder)
- **Art der Mitbewohner** im Haus (Mieter oder Eigentümer, junge oder alte Bewohner).

Je offener und transparenter Sie diese Informationen liefern, desto mehr steigt Ihre Glaubwürdigkeit. Sie sollten immer den Eindruck erwecken, dass Sie absolut nichts zu verbergen haben. Fordern Sie ernsthafte Kaufinteressenten ruhig auf, den Hausverwalter oder sogar die Mitglieder des Wohnungsbeirats zu kontaktieren.

Verkauf einer Eigentumswohnung an Kapitalanleger

Wenn Sie eine gut vermietete Eigentumswohnung an Kapitalanleger verkaufen wollen, können Sie bei den Kaufinteressenten genauso vorgehen wie bei künftigen Selbstnutzern.

In erster Linie geht es den Kapitalanlegern aber um die nachhaltig erzielbare Mietrendite. Wenn Ihr Angebotspreis nicht über die 20-fache Jahresnettokaltmiete hinausgeht, werden Sie in begehrten Lagen mühelos an einer angemessenen Rendite interessierte Kapitalanleger finden.

Besonders gute Karten bei ernsthaften Kaufinteressenten haben Sie bei Vorlage folgender Unterlagen:

- **Mietvertrag** (mit letztem Mieterhöhungsschreiben)
- **Höhe der monatlichen Nettokaltmiete** und der Betriebskostenvorauszahlung (Nachweis durch Kontoauszug)
- **Letzte Betriebskostenabrechnung**
- **Verwalterabrechnung** über Betriebskosten, Verwaltungskosten und Instandhaltungskosten
- **Stand** der aktuellen Instandhaltungsrücklage
- **Renditeberechnungen**

Insbesondere mit Renditeberechnungen für den Kapitalanleger können Sie Punkte sammeln. Rechnen Sie doch einfach Ihren Kaufinteressenten die beiden anfänglichen Mietrenditen wie folgt vor:

- **Bruttomietrendite** = Jahresnettokaltmiete (monatliche Nettokaltmiete x 12 Monate) in Prozent des Kaufpreises
- **Nettomietrendite** = Jahresreinertrag (= Jahresnettokaltmiete minus nicht umlagefähige Verwaltungs- und Instandhaltungskosten) in Prozent der Anschaffungskosten (= Kaufpreis plus Kaufnebenkosten wie Grunderwerbsteuer in Höhe von 3,5 bis 6,5 Prozent des Kaufpreises je nach Bundesland sowie Notar- und Grundbuchgebühren von rund 1,5 Prozent des Kaufpreises).

Sofern Sie Ihre Eigentumswohnung mit einer Bruttomietrendite von mindestens 5 Prozent und einer Nettomietrendite von über 4 Prozent anbieten können, sind Sie vielen anderen Anbietern um mehr als eine Nasenlänge voraus. Mit sicheren Geldanlagen sind in einer Niedrigzinsphase höchstens noch 2 Prozent Rendite erzielbar. Also liegt die Nettomietrendite von 4 Prozent bei einer Eigentumswohnung doppelt so hoch.

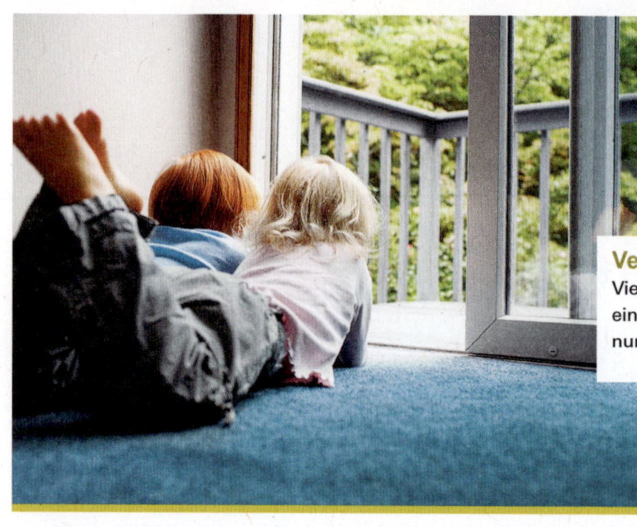

Verkauf an den Mieter
Vielleicht freut sich Ihr Mieter über ein Angebot, die vertraute Wohnung kaufen zu können.

Zwar ist diese Mietrendite im Vergleich zum Festzins bei Festgeldern nicht absolut sicher. Die um zwei Prozentpunkte höhere Mietrendite gleicht aber das Vermietungsrisiko mehr als aus. Hinzu kommt die Möglichkeit, die künftige Mietrendite durch moderate Mieterhöhungen noch weiter zu steigern. Daran wird auch die im Sommer 2015 eingeführte Mietpreisbremse auf angespannten Wohnungsmärkten nicht viel ändern.

Bieten Sie Ihre Eigentumswohnung auch Ihrem Mieter zum Kauf an. Sofern Sie die bisherige Mietwohnung während der Dauer des Mietverhältnisses in eine Eigentumswohnung umwandeln und danach verkaufen wollen, hat Ihr Mieter sogar ein gesetzliches Vorkaufsrecht nach § 577 BGB. Dieses Vorkaufsrecht hat Ihr Mieter aber nicht, wenn er in eine bereits bestehende Eigentumswohnung einzieht und dafür einen Mietvertrag unterzeichnet.

Falls Sie eine während des bestehenden Mietverhältnisses umgewandelte Eigentumswohnung an einen Dritten verkaufen, müssen Sie Ihrem Mieter unverzüglich den Inhalt des Kaufvertrags mitteilen, damit dieser innerhalb einer Überlegungsfrist von zwei Monaten von seinem gesetzlichen Vorkaufsrecht Gebrauch machen und in den bereits abgeschlossenen Kaufvertrag noch eintreten kann.

Meist bietet es sich für den Eigentümer an, schon im Vorfeld eines Verkaufs an Dritte auch an den Mieter heranzutreten und ihm die in eine Eigentumswohnung umgewandelte ehemalige Mietwohnung zum Kauf anzubieten. Ihr Mieter hat nur dann kein Vorkaufsrecht, wenn Sie die durch Umwandlung entstandene Eigentumswohnung an ein Familienmitglied oder ein Haushaltsmitglied verkaufen wollen.

Der Verkauf einer vermieteten Eigentumswohnung an den Mieter selbst ist für den Verkäufer eine gute Möglichkeit, sich ohne großen zeitlichen Aufwand von seinem Eigentum zu trennen. Einfacher kann die Selbstvermarktung gar nicht über die Bühne gehen.

Verkauf eines Miethauses

Im Grunde verläuft der Verkauf eines größeren Miethauses an Kapitalanleger ähnlich wie der einer vermieteten Eigentumswohnung. Sie haben jedoch eine ganz andere Zielgruppe.

Schon der Name „Zinshaus" oder „Rentenhaus" statt Miethaus lässt erahnen, dass es hier um ganz andere Summen geht. Bei einem reinen Mietwohnhaus ist die Verkaufssituation noch relativ klar und übersichtlich. Statt eines einzigen Mietvertrags und einer einzigen Miete wie bei einer vermieteten Eigentumswohnung haben Sie es nun mit einer mehr oder minder großen Anzahl von Wohnungsmietern und -mieten sowie Wohnungsmietverträgen zu tun.

→ Kein Vorkaufsrecht für Mieter

Beim Verkauf eines Miethauses, das nicht in Eigentumswohnungen umgewandelt wird oder wurde, gibt es für die Mieter kein Vorkaufsrecht gemäß § 577 BGB (siehe Seite 108).

Legen Sie den Kaufinteressenten also eine nachprüfbare Mietenaufstellung vor, einschließlich der Abrechnung sämtlicher Bewirtschaftungskosten für das Mietwohnhaus.

Kompliziert wird es, wenn noch eine Mietpreis- und Belegungsbindung für Ihr zum Kauf angebotenes Mietwohnhaus (nicht selten etwas despektierlich als „Mietshaus" oder gar als „Mietskaserne" bezeichnet) besteht. Nehmen Sie in diesem Fall Kontakt mit der zuständigen Bewilligungsstelle auf und lassen Sie sich erklären, ob und in welcher Form die Wohnungsbindung im Falle eines Verkaufs weiter bestehen bleibt. Selbstverständlich sollten Sie auch die Kaufinteressenten darüber entsprechend informieren.

Beim Verkauf eines Wohn- und Geschäftshauses kommt es darauf an, die Mietenaufstellung nach Wohn- und Gewerbemieten zu trennen und auf das unterschiedliche Mietrecht (Wohnraum- oder Gewerbemietrecht) zu achten.

Die Veräußerung von reinen Gewerbeimmobilien wie Bürohäuser oder Einkaufscenter stellt die ganz hohe Schule des Immobilienverkaufs dar und ist ohne die Hilfe von ausgewiesenen Spezialisten nicht zu schaffen. Wer es aber bis hierhin geschafft hat, ist längst kein Laie mehr, sondern ist auf dem besten Weg zum Immobilienprofi.

Recht, Steuern und Finanzen

Beim Verkauf einer Immobilie müssen Sie auch rechtliche, steuerliche und finanzielle Fragen klären. Wer hier Fehler macht, kann sie meist hinterher nicht mehr korrigieren.

Im Zweifelsfall müssen Sie Rechtsanwälte, Steuerberater oder Banker um ihren Rat fragen. Auf Auskünfte von Bekannten oder aus dem Internet können Sie sich leider nicht verlassen.

Klären Sie alle rechtlichen, steuerlichen und finanziellen Fragen vor Abschluss des notariellen Kaufvertrags. Mal geht es um die Frage, wie man sich rechtlich vor der Nichtzahlung des Kaufpreises schützen kann. Ein anderes Mal wollen Sie wissen, ob Sie den erhofften Veräußerungsgewinn steuerfrei kassieren können. Falls noch Restschulden auf Ihrer Immobilie lasten und die Zinsbindung erst in einigen Jahren ausläuft, stellt sich die Frage, wie eine hohe Vorfälligkeitsentschädigung vermieden werden kann.

Und letztlich müssen Sie auch überlegen, was Sie je nach individueller Lebenssituation mit dem Veräußerungserlös für Ihr Haus oder Ihre Eigentumswohnung machen wollen. In extremen Niedrigzinsphasen wie zurzeit sind konventionelle festverzinsliche Geldanlagen keine besonders attraktive Option.

Rechtliches für Verkäufer

Über 95 Prozent der privaten Immobilienverkäufer sind keine Juristen. Gerade als Laie müssen Sie aber auf Nummer sicher gehen, um nicht in böse Vertrags- und Rechtsfallen zu geraten.

→ **Bei den rechtlichen Besonderheiten** geht es insbesondere um die Bedingungen im notariellen Kaufvertrag. Sind Sie kein Alleineigentümer der Immobilie, müssen Ihre Miteigentümer (Ehegatte oder Miterben) dem Verkauf zustimmen. Ein Verkauf auf Rentenbasis oder gegen Einräumung eines lebenslangen Wohnungsrechts will gut überlegt sein. Eindeutige rechtliche Regelungen sind erforderlich, wenn die Immobilie vor dem geplanten wirtschaftlichen Übergang auf den Käufer verkauft wird. Und schließlich sollten Sie sich so gut wie möglich gegen den Fall der Nichtzahlung des Kaufpreises absichern.

Lassen Sie sich aber nicht bange machen. In den weitaus meisten Fällen geht alles reibungslos über die Bühne. Das heißt: Der Käufer erwirbt Ihre Immobilie lastenfrei und zahlt pünktlich den vereinbarten Kaufpreis. Ist dies der Fall, können Sie alle im Folgenden aufgeführten Besonderheiten vergessen. Informieren Sie sich daher nur vorsorglich über diese Besonderheiten, sofern sie bei Ihrem Immobilienverkauf überhaupt eine Rolle spielen.

Sind Sie sich über die Folgen bestimmter rechtlicher Regelungen nicht klar, fragen Sie den Notar, der den Kaufvertrag beurkunden wird, oder schalten Sie in komplizierten Fällen einen Rechtsanwalt ein.

Zustimmung der Miteigentümer

Wenn Sie verheiratet sind, wird die zum Verkauf anstehende Immobilie in aller Regel je zur Hälfte Ihnen und Ihrem Ehegatten gehören. Sie sind dann zusammen auch jeweils zur Hälfte als Eigentümer in der Ersten Abteilung des Grundbuchs eingetragen. Daher muss Ihr Ehegatte als Miteigentümer dem geplanten Immobilienverkauf zustimmen und den notariellen Kaufvertrag gemeinsam mit Ihnen unterschreiben.

Sofern Sie keine besonderen Vereinbarungen über den Güterstand getroffen haben (zum Beispiel Gütertrennung), gilt der gesetzliche Güterstand der Zugewinngemeinschaft. Bei vertraglich vereinbarter Gütertrennung kommt es häufiger vor, dass eine Immobilie im Alleineigentum eines Ehegatten steht. In diesem Fall benötigt der Alleineigentümer nicht die Zustimmung des anderen Ehegatten, sofern die Immobilie zu seinem Vermögen gehört und der Ehegatte weder den Darlehensvertrag noch eine Mitverbindlichkeitserklärung für die aufge nommenen Hypothekenschulden unterzeichnet hat.

Bei Erbengemeinschaften gelten ähnliche Regelungen. Einem Verkauf müssen alle Miterben zustimmen. Unabhängig davon, ob die Erbschaft aufgrund der gesetzlichen Erbfolge, eines Testaments des Verstorbenen oder eines Erbvertrags zustande gekommen ist.

Dies kann ernsthafte Schwierigkeiten bereiten, wenn es viele Miterben mit unterschiedlichen Interessen gibt. Der eine will verkaufen, der andere beispielsweise auf keinen Fall. Kommt es zu keiner Einigung, waren alle Verkaufsvorbereitungen des einen oder anderen Miterben für die Katz. Auch die Beauftragung eines Maklers ist dann nutzlos, wenn dieser Makler nicht ausnahmsweise als Vermittler oder Mediator in der zerstrittenen Erbengemeinschaft fungiert. Meist nimmt der Makler einen solchen Auftrag von einem oder mehreren Miterben erst gar nicht an.

Wird die Zustimmung von Ihrem Ehegatten oder Ihren Miterben verweigert, bleibt als Notlösung nur die Versteigerung der Immobilie auf Ihren Antrag vor dem zuständigen Amtsgericht. Dies kommt insbesondere bei geschiedenen Ehegatten vor, wenn ein Ehegatte noch in dem ehemals gemeinsam bewohnten Haus wohnt, während der andere Ehegatte bereits ausgezogen ist. Meist will dann der bereits aus dem Haus ausgezogene Ehegatte Geld aus dem zu erzielenden Versteigerungserlös sehen.

Etwas missverständlich ist bei diesem Verfahren oft von Teilungsversteigerung die Rede. Es wird in der Versteigerung zum Zwecke der Aufhebung der Gemeinschaft aber nicht der gemeinsame und unteilbare Haus- und Grundbesitz geteilt, sondern nur der später anfallende Versteigerungserlös nach erfolgreich verlaufener Versteigerung.

→ Teilungsversteigerung als Notlösung

Wichtig, aber kaum bekannt: Jeder Miteigentümer einer Immobilie kann formlos eine „Zwangsversteigerung zum Zwecke der Aufhebung der Gemeinschaft" beim zuständigen Amtsgericht beantragen, ohne die Miteigentümer (zum Beispiel den Ex-Ehegatten oder die Miterben) danach zu fragen oder darüber zu informieren. Der Antrag auf Teilungsversteigerung ist zwar formlos. Es empfiehlt sich aber, nach dem Musterschreiben „Antrag auf Teilungsversteigerung" auf Seite 114 vorzugehen.

Wenn Sie Fragen zum Ablauf einer Teilungsversteigerung haben, müssen Sie keinen Rechtsanwalt einschalten. Der für Zwangs- und Teilungsversteigerungen beim Amtsgericht zuständige Rechtspfleger wird Ihre Fragen fachkundig beantworten. Rechtspfleger sind Beamte und zur kostenlosen Auskunftserteilung verpflichtet.

Mustertext

Antrag auf Teilungsversteigerung

An das
Amtsgericht ....
Zwangsversteigerungsabteilung
.............................straße ....
00000 ....

Ort, XX. Monat 2018

Antrag auf Zwangsversteigerung zum Zwecke der Aufhebung der Gemeinschaft (Teilungsversteigerung)

Sehr geehrte Damen und Herren,

als Miteigentümer des im Grundbuch von ...., Gemarkung ...., Blatt ...., eingetragenen Grundstücks-/Wohnungseigentums beantrage ich hiermit die Versteigerung zum Zwecke der Aufhebung der Gemeinschaft.

Im Grundbuch eingetragene Eigentümer sind außer mir:

....

Alle bisherigen Versuche einer einvernehmlichen Regelung zur Verwertung der Immobilie sind gescheitert, sodass die Teilungsversteigerung geboten ist.

Hinsichtlich der genauen Bezeichnung des Objekts und der Eigentumsverhältnisse verweise ich auf das Bestandsverzeichnis und die Erste Abteilung des Grundbuchs.

Ein Sachverständigengutachten neueren Datums über den Wert der Immobilie liegt mir nicht vor.

Mit freundlichen Grüßen

....

Im Versteigerungstermin kann jeder Miteigentümer auch selbst bieten. Er kann aber auch Bietinteressenten unter Freunden und Bekannten gewinnen, um so für eventuell höhere Gebote im Versteigerungstermin zu sorgen. Sogar Annoncen im Internet oder in der Tageszeitung zwecks Gewinnung von weiteren Bietinteressenten sind erlaubt. Es handelt sich schließlich um eine öffentliche Versteigerung vor Gericht, an der jeder teilnehmen und auch bieten kann.

Vor allem geschiedene Eheleute können sich häufig nicht über den Verkauf des ihnen zu gleichen Teilen gehörenden Einfamilienhauses einigen. Meist reicht der Ex-Ehepartner A, der aus dem vorher gemeinsam bewohnten Eigenheim ausgezogen ist, den Antrag auf Teilungsversteigerung ein. Er möchte seinen hälftigen Immobilienanteil zu Geld machen und den noch im Eigenheim wohnenden Ex-Ehepartner B in die Enge treiben. Entweder bietet er dann selbst mit, um B nach erfolgreichem Ersteigern zur Räumung des Hauses zu zwingen, oder er wirbt andere Bietinteressenten zwecks Ersteigerung an.

Im ersten Fall kann A das von ihm ersteigerte und ihm jetzt allein gehörende Haus nach Räumung durch B freihändig verkaufen, während er im zweiten Fall letztlich die Hälfte des Versteigerungserlöses über das Gericht von einem Dritten oder von seinem Ex-Ehegatten B erhält.

Dass der im Haus wohnende Ex-Ehepartner B selbst bietet und möglicherweise dann auch Meistbietender bleibt, kommt gar nicht so selten vor. B (oft es ist die Ex-Ehefrau) möchte beispielsweise mit den Kindern unbedingt im ehemals gemeinsam bewohnten Eigenheim wohnen bleiben und nimmt dafür im Falle der Erteilung des Zuschlags die Zahlung des Meistgebots auch in Kauf.

Dies setzt selbstverständlich voraus, dass B das nötige Geld zum Erwerb des Alleineigentums am Haus aufbringen kann. Ist dies der Fall, wäre eine intensive Werbung um andere Bietinteressenten kontraproduktiv. Es wäre sogar zwecks Abschreckung besser, keinem Dritten die Innenbesichtigung des Hauses zu gestatten.

Möglicherweise wird auch dem vom Amtsgericht bestellten Gutachter, der das Haus bewerten soll, der Zutritt verwehrt. Der Gutachter wird dann nach Außenbesichtigung und Einsichtnahme in sämtliche Bauunterlagen ein Gutachten erstellen und dabei wegen fehlender Innenbesichtigung einen Risikoabschlag ansetzen. Dies führt zu einem geringeren Verkehrswert. 10 Prozent dieses Verkehrswerts muss jeder Bieter als Sicherheitsleistung beim Gericht hinterlegen.

Einen Zuschlag im ersten Versteigerungstermin kann es nur bei einem Gebot geben, das bei mindestens 50 Prozent des vom Gutachter ermittelten und vom Gericht amtlich festgesetzten Verkehrswerts liegt. Nach oben sind den Geboten keine Grenzen gesetzt. In zahlreichen Fällen kommt es vor, dass die Versteigerung mit einem Meistgebot oberhalb des Verkehrswerts endet. Dies passiert insbesondere dann, wenn beide Ex-Ehegatten bieten und sich gegenseitig beim Preis hochtreiben.

Zustimmung von anderen Stellen und Personen

Während Miteigentümer des gemeinsamen Hauses oder der gemeinsamen Eigentumswohnung schon vor Abschluss des notariellen Kaufvertrags in den Verkauf einwilligen müssen, reicht bei anderen Stellen und Personen die nachträgliche Genehmigung des bereits vor dem Notar abgeschlossenen Kaufvertrags aus.

Als Eigentümer einer Eigentumswohnung benötigen Sie in aller Regel die Zustimmung der anderen Wohnungseigentümer oder des von ihnen beauftragten Hausverwalters zum Verkauf. Fast immer ist dies nur eine Formsache. Üblicherweise übersendet der Notar eine Kopie des notariell abgeschlossenen Kaufvertrags an den Hausverwalter und dieser erteilt dann schriftlich die Zustimmung. Nur in ganz seltenen Ausnahmefällen kann er die nachträgliche Genehmigung versagen, wenn es wichtige Gründe gibt, die in der Person des Käufers liegen.

Dies könnte beispielsweise der Fall sein, wenn der Käufer infolge einer finanziellen Notlage die Kosten für das monatliche Hausgeld nicht zahlen kann. In neueren Teilungserklärungen fehlt immer öfter die Klausel, dass der Hausverwalter seine Zustimmung zum Verkauf geben muss. Ihre Miteigentümer in einer Eigentumswohnanlage müssen Sie grundsätzlich nicht um Genehmigung des Verkaufs bitten, wenn die Wohnungseigentümergemeinschaft wie üblich bereits durch den Hausverwalter vertreten wird.

Der Notar wird auch die Gemeinde oder Stadt um Mitteilung bitten, dass sie auf ihr Vorkaufsrecht oder ein anderes Recht (zum Beispiel Wohnungsbesetzungsrecht) verzichtet. Handelt es sich um mietpreis- und belegungsgebundene Wohnungen, muss auch die Bewilligungsstelle (zum Beispiel Wohnungsbauförderungsanstalt des Landes) den Kauf genehmigen.

Ihre Mieter müssen den Verkauf Ihres Mietwohnhauses oder Ihrer vermieteten Eigentumswohnung grundsätzlich nicht genehmigen, denn sie werden durch das soziale Mietrecht nach dem Grundsatz „Kauf bricht nicht Miete“ geschützt. Dies bedeutet im Klartext, dass der Käufer in sämtliche Rechte und Pflichten aus dem bestehenden Mietverhältnis einsteigen muss.

Eine Ausnahme gilt aber für den Fall, dass Ihr Mieter ein Vorkaufsrecht nach § 577 BGB hat, wenn der Vermieter nach Umwandlung eines Mehrparteien-Miethauses in Eigentumswohnungen die ehemaligen Mietwohnungen an Dritte verkaufen will. Das Vorkaufsrecht gilt laut Gesetz also nur für „vermieteten Wohnraum, an dem Wohneigentum begründet werden soll oder be-

Geteiltes Eigentum
Einem Verkauf müssen alle Miteigentümer zustimmen.

gründet worden ist". Der Vermieter und Verkäufer muss dann seinen Mieter nach § 469 BGB unverzüglich über den Inhalt des Kaufvertrags und das dem Mieter zustehende Vorkaufsrecht informieren.

Unterlässt er dies und vereitelt damit die Ausübung des Vorkaufsrechts, kann der Mieter Schadenersatzansprüche geltend machen. Laut Urteil des Bundesgerichtshofs vom 21.1.2015 (Az. VIII ZR 51/14) kann der Schadenersatz sogar rund 80 000 Euro ausmachen. Im zugrunde liegenden Fall hatte der ehemalige Eigentümer eines Mietwohnhauses nach Umwandlung im Jahr 2011 sieben Eigentumswohnungen zum Preis von insgesamt 1,3 Millionen Euro verkauft, wovon rund 186 000 Euro auf die Wohnung der klagenden Mieterin entfielen, die bereits seit 1992 dort wohnte. Die Mieterin war über ihr Vorkaufsrecht nicht informiert worden.

Anfang 2012 bot ihr der neue Eigentümer und Vermieter den Kauf der Wohnung zum Verkehrswert von 266 000 Euro an. Bei Ausübung ihres Vorkaufsrechts hätte die Mieterin ihre Wohnung also um rund 80 000 Euro billiger erwerben können. Sie forderte daher diesen Betrag als Schadenersatz vom alten Eigentümer.

Der BGH entschied, dass Mietern ein entgangener Preisvorteil auch dann zustehen kann, wenn sie auf die Durchsetzung ihres Vorkaufsrechts nur deshalb verzichten, weil der ursprüngliche Vermieter ihnen die verkaufte Wohnung gar nicht mehr übereignen kann. Damit wurde der Fall zur weiteren Aufklärung an die Vorinstanz zurückverwiesen. Der Fehler des Alteigentümers: Er hatte die Eigentumswohnung der Mieterin verkauft, ohne sie nach § 469 BGB auf das ihr infolge Umwandlung des Mietwohnhauses in Eigentumswohnungen entstandene Vorkaufsrecht hinzuweisen.

Das BGH-Urteil darf aber auch nicht missverstanden werden. Wenn Sie Ihre vermietete Eigentumswohnung verkaufen, für die mangels Umwandlung kein Vorkaufsrecht zugunsten Ihres Mieters besteht, können Sie diese Eigentumswohnung ohne Zustimmung des Mieters an Dritte verkaufen und müssen keine Schadenersatzansprüche befürchten.

Übernahme oder Löschung bestehender Lasten

Ihr Käufer möchte Ihr Haus oder Ihre Eigentumswohnung am liebsten lastenfrei erwerben. Dies ist auch ohne Weiteres möglich, sofern keine Lasten in der Zweiten oder Dritten Abteilung des Grundbuchs eingetragen sind.

Die Grundschulden zugunsten Ihrer Gläubigerbanken in der Dritten Abteilung des Grundbuchs wurden entweder nach völliger Entschuldung auf Ihren Antrag hin schon gelöscht oder werden nach Ausgleich noch bestehender Restschulden aus dem Kaufpreis gelöscht.

Es kommt aber vor, dass bestimmte Lasten in der Zweiten Abteilung des Grundbuchs vom Käufer übernommen werden müssen oder sollen. Dazu zählen beispielsweise Grunddienstbarkeiten wie Wegerecht oder Antennen- und Leitungsrecht. Diese Belastungen stellen aber keine oder nur eine geringe Wertminderung der Immobilie dar.

Viel bedeutsamer sind Dauerschuldverhältnisse wie lebenslanges Wohnungsrecht, Nießbrauchsrecht, Reallast, monatliche Rente oder Erbbauzins, die bestehen bleiben oder neu begründet werden sollen. Diese Belastungen in der Zweiten Abteilung des Grundbuchs mindern den Wert der Immobilie ganz erheblich und schränken die Entscheidungsfreiheit ihres Käufers stark ein.

Beim Verkauf auf Rentenbasis verpflichtet sich beispielsweise der Käufer, außer einem eventuell zu zahlenden Restkaufpreis noch eine lebenslange Rente an die Person zu zahlen, zu deren Gunsten im Grundbuch eine monatliche Rente beziehungsweise Reallast eingetragen ist. Bleibt ein lebenslanges Wohnungsrecht zugunsten einer Person bestehen, kann der Käufer die Wohnung erst nach dem Tode der wohnberechtigten Person selbst nutzen oder vermieten.

Bei einem eingetragenen Nießbrauchsrecht kann der Verkäufer und ehemalige Eigentümer weiterhin die Mieteinnahmen genießen oder die Wohnung für sich selbst nutzen.

Erbbauzinsen muss der Käufer an den Eigentümer des Grundstücks beziehungsweise Erbbaurechtsgeber (zum Beispiel die Kirche) bezahlen, da er neuer Eigentümer von Haus oder Wohnung auf fremdem Boden und damit nur Erbbauberechtigter wird. Die laufende Zahlung des Erbbauzinses wird der Käufer bei der Verhandlung über den Kaufpreis selbstverständlich mit einkalkulieren. Der Erbbaurechtsgeber wird zwar über den Verkauf des Erbbaurechts durch den Notar informiert. Er muss aber nur dann um seine Zustimmung gebeten werden, wenn dies im Erbbauvertrag ausdrücklich verlangt wird.

Es gibt sogar Lasten, die gar nicht im Grundbuch stehen und trotzdem existieren. Dazu zählen Wohnungsbindungen bei mietpreisgebundenen Wohnungen, noch nicht bezahlte oder künftig anfallende Erschließungskosten, Baulasten und Altlasten.

In Ihrem eigenen Interesse sollten Sie Ihren Käufer auf solche Lasten hinweisen, sofern Ihnen solche außerhalb des Grundbuchs bestehende Lasten bekannt sind. Tun Sie es nicht, obwohl Sie es wissen oder wissen müssten, machen Sie sich schadenersatzpflichtig.

Mietpreis- und Belegungsbindungen müssen Ihnen als Eigentümer und Verkäufer bekannt sein, da Sie unmittelbar davon betroffen sind oder waren. Dass Sie alle Erschließungskosten bereits bezahlt haben, können Sie durch Vorlage von Rechnungen nachweisen. Ob Baulasten bestehen, können Sie nach Einsicht in das Baulastenverzeichnis der Gemeinde feststellen. Über das Altlastenkatasteramt bei der unteren Wasserbehörde erfahren Sie, ob Altlasten auf dem Grundstück (zum Beispiel Bodenverunreinigungen oder Bergwerkschäden) bestehen.

Sie bieten Ihrem Käufer einen besonderen Service, wenn Sie ihn lückenlos über alle möglichen Lasten aufklären und nichts verschweigen. Darüber hinaus sichern Sie sich auf diese Weise auch rechtlich selbst ab, wenn Sie nichts wissentlich verschweigen.

Kein Verkauf nach Auflassungsvormerkung

Nachdem in der Zweiten Abteilung des Grundbuchs eine Auflassungs- oder Eigentumsvormerkung zugunsten Ihres Käufers eingetragen ist, wirkt dies für Sie wie eine Verkaufssperre.

Da die Auflassungsvormerkung den Käufer vor einem Verkauf an andere schützen soll, wäre ein Verkauf an einen weiteren Kaufinteressenten somit unwirksam.

Andererseits könnte die Auflassungsvormerkung zugunsten des Käufers für Sie ein Problem werden, falls der Käufer den vereinbarten Kaufpreis nicht zahlt. Damit Sie in einem solchen Fall nicht kostbare Zeit verlieren, sollte Ihr notarieller Kaufvertrag eine Löschungsvollmacht enthalten. Diese vom Käufer erteilte Vollmacht berechtigt den Notar beziehungsweise dessen Bürovorsteher, die Löschungsbewilligung hinsichtlich der eingetragenen Auflassungsvormerkung zu erklären für den Fall, dass der Kaufvertrag mangels pünktlicher Zahlung des Kaufpreises nicht wie vorgesehen vollzogen werden kann.

Kein Verkauf nach Zwangsversteigerungsvermerk

Hat Ihre Gläubigerbank wegen ausbleibender Zins- und Tilgungszahlungen den Darlehensvertrag fristlos gekündigt und einen Antrag auf Zwangsversteigerung Ihrer Immobilie beim zuständigen Amtsgericht beantragt, wird in der Zweiten Abteilung des Grundbuchs ein entsprechender Zwangsversteigerungsvermerk eingetragen.

Auch dieser Vermerk wirkt wie eine Veräußerungssperre. Falls Sie ohne Einwilligung der Bank trotz bestehenden Zwangsversteigerungsvermerks Ihre Immobilie freihändig an einen Dritten verkaufen, ist dies ebenfalls unwirksam. Unseriöse Nothelfer der letzten Stunde bieten Ihnen zwar eine solche Möglichkeit zur Abwendung einer bevorstehenden Zwangsversteigerung an. Sie haben dabei aber stets unlautere Absichten wie das Kassieren von Vorkosten oder einer Maklerprovision beim Abschluss eines notariellen Kaufvertrags mit einem zahlungsunfähigen Kaufinteressenten im Sinn.

Ihre Gläubigerbank wird jeden Verkauf ablehnen, bei dem der erzielbare Veräußerungserlös hinter ihren Forderungen zurückbleibt. Daher sollte ein freihändiger Verkauf einer zur Zwangsversteigerung anstehenden Immobilie nur in enger Abstimmung mit der Bank erfolgen. Nur in ganz seltenen Fällen wird die Bank bereit sein, schon vor dem Versteigerungstermin auf einen Teil ihrer Forderungen zu verzichten.

→ Ein Ausweg aus der Zwangsversteigerung?

„Verkaufen und zurückmieten" war das Motto eines Projekts der gemeinnützigen Stiftung Finanzverstand, das Immobilieneigentümern in Notsituationen helfen und die Zwangsversteigerung verhindern sollte.

Der Ablauf in wenigen Worten: Ein institutioneller Fonds übernimmt als Käufer Ihre Immobilie und vermietet diese an Sie. Der Kaufpreis kann bis zu 70 % des Verkehrswerts betragen. Ein fairer Mietpreis wird über die Vertragslaufzeit festgeschrieben. Das Wohnungsrecht und der Rückkaufpreis werden vertraglich festgelegt und notariell beurkundet. Die Instandhaltungskosten während der Vertragsdauer übernimmt der Fonds. Ein Rückkauf der Immobilie ist für Sie innerhalb von sieben Jahren jederzeit möglich. Dieses Konzept hat sich aber leider nicht bewährt

Verschweigen von bekannten Mängeln

Als Verkäufer haften Sie nach § 459 BGB dafür, dass Ihre Immobilie beim Eigentumsübergang auf den Käufer die zugesicherten Eigenschaften hat und nicht mit Fehlern oder Mängeln behaftet ist, die den Wert oder die Tauglichkeit zum gewöhnlichen oder vertraglich vereinbarten Gebrauch aufheben oder mindern.

Sie müssen Ihre Kaufinteressenten und Ihren späteren Käufer über wesentliche verdeckte Fehler und Mängel wie eine fehlende Baugenehmigung für den Aus- oder Umbau Ihres Hauses, Hausschwamm, Feuchtigkeitsschäden im Keller oder Altlasten auf dem Grundstück aufklären.

Selbstverständlich müssen auch sämtliche Angaben zur Immobilie wie Grundstücks- und Wohnfläche sowie Höhe der gezahlten oder noch ausstehenden Erschließungskosten stimmen.

Wenn beispielsweise die tatsächliche Wohnfläche deutlich unter der von Ihnen angegebenen Wohnfläche liegt, steht dem Käufer das Recht zur nachträglichen Herabsetzung des Kaufpreises (Minderung) oder sogar die Rückabwicklung des Kaufvertrags (Wandlung) zu.

Sie haften auf jeden Fall, wenn Sie Mängel oder Fehler arglistig verschweigen oder die Unwahrheit sagen. Es lohnt sich daher immer, nur korrekte Angaben über Ihre Immobilie zu machen. Alles, was Sie nach aktuellem Stand wissen und auch anhand von Unterlagen belegen können, sollten Sie Ihrem Käufer auf Anfrage mitteilen.

→ Aufklärungspflichten des Verkäufers

Als Verkäufer sind Sie verpflichtet, über bauliche Mängel (zum Beispiel Schwamm, Feuchtigkeit, Rohrbrüche in der Vergangenheit, Holzbock im Dachgeschoss, wiederholte Überflutung, Mängel des Baugrunds, nicht ordnungsgemäße Statik), Bauverbote, behördliche Auflagen und Risikolagen (zum Beispiel in einem Bergbaugebiet) zu informieren.

Sie müssen auch Auskunft geben, ob das Grundstück in einem Altlastenkatasterverzeichnis als Verdachtsfläche geführt wird.

Weiterhin ist mit der Stadtverwaltung zu klären, ob Baulasten im Baulastenverzeichnis eingetragen sind.

Schließlich ist unbedingt vor Abschluss eines Kaufvertrags zu klären, ob noch Erschließungskosten für die zu erwerbende Immobilie für den Käufer anfallen. Hierzu ist eine Vollmacht des Verkäufers bei der Stadtverwaltung vorzulegen, in der der Käufer bevollmächtigt wird, eine entsprechende Bescheinigung der Stadtverwaltung über die Höhe von etwa noch fällig werdenden Erschließungskosten für bereits fertiggestellte Maßnahmen einzuholen.

Wichtig: Der Käufer haftet als Eigentümer des Grundstücks nach dem Baugesetzbuch für die Zahlung von Erschließungsbeiträgen bei bereits fertiggestellten, jedoch noch nicht abgerechneten Erschließungsmaßnahmen.

Wenn der Käufer hingegen Fehler oder fehlende Eigenschaften bereits bei Vertragsabschluss kennt, haften Sie nicht. Gewährleistungsansprüche wegen Mängeln werden im notariellen Kaufvertrag grundsätzlich ausgeschlossen. Die Kurzformel für den grundsätzlichen Gewährleistungsausschluss lautet: „Gekauft wie besichtigt".

Sollte Ihr Käufer ausnahmsweise auf eine Besichtigung Ihres Hauses oder Ihrer Wohnung ganz verzichten, kann er später nicht behaupten, dass er Fehler oder Mängel nicht erkannt habe. Eine Nichtbesichtigung der Immobilie durch den Käufer ist grob fahrlässig und daher nicht schützenswert. Unseriöse Immobilienvermittler nutzen dies bei gutgläubigen Kaufinteressenten aus und verkaufen ihnen völlig überteuerte oder schrottreife Immobilien mit einem geschönten Prospekt. Wer aber eine Immobilie ohne vorherige Besichtigung erwirbt, ist zumindest zu einem guten Teil selbst schuld.

Verkauf von vermieteten Immobilien

Meist bringt eine bis zur Besitzübergabe von Ihnen selbst genutzte oder unvermietete beziehungsweise leerstehende Eigentumswohnung vom Preis her mehr ein als eine vermietete. Dass sich aber vermietete Eigentumswohnungen nicht verkaufen lassen, ist eine Mär. Das Interesse der Kapitalanleger an vermieteten Immobilien ist angesichts der anhaltenden Niedrigzinsphase deutlich gestiegen.

Viele Kapitalanleger sehen es sogar als einen besonderen Vorteil an, wenn die Immobilie an einen langjährigen, solventen Mieter fest vermietet ist und die aktuelle Miete in etwa so hoch wie die ortsübliche Vergleichsmiete liegt. Nach Einsichtnahme in den laufenden Mietvertrag sowie in die Aufstellung über die gezahlten Mieten einschließlich Betriebskosten für die vergangenen drei Jahre können sie eine eigene Miet- und Renditekalkulation für die nächsten Jahre erstellen.

“ Kauf bricht nicht Miete. Den Mietvertrag muss der Käufer übernehmen.

Dem Käufer einer vermieteten Immobilie sollten aber auch Sie als Verkäufer deutlich sagen, dass er in das laufende Mietverhältnis mit allen Rechten und Pflichten eintritt. Er kann nicht damit rechnen, dass der Mieter in nächster Zeit unter Einhaltung der dreimonatigen Kündigungsfrist kündigt. Es sei denn, der Mieter teilt ihm dies schriftlich

Laufende Einnahmen

Verlässliche Mieter können für Investoren ein Kaufargument sein.

mit oder erklärt sich gegenüber dem Käufer zum Abschluss eines Mietaufhebungsvertrags bereit.

Abgesehen von dieser Ausnahme gilt die unumstößliche Regel: Kauf bricht nicht Miete. Dies heißt im Klartext: Der notarielle Kaufvertrag lässt den laufenden Mietvertrag unberührt. Üblicherweise wird der Notar dies zur Sicherheit von Verkäufer und Käufer auch in den Kaufvertrag hineinschreiben.

Eher untypische Kapitalanleger erwerben eine vermietete Eigentumswohnung in der Hoffnung, kurz danach eine Selbstnutzung durch eine Kündigung wegen Eigenbedarfs zu erreichen. Auf eine Diskussion mit Ihrem Käufer, ob er Aussichten auf eine erfolgreiche Eigenbedarfskündigung hat, sollten Sie sich auf keinen Fall einlassen. Zwar haben sich nach jüngsten Gerichtsurteilen die Chancen für Vermieter, eine Eigenbedarfskündigung durchzusetzen, etwas erhöht. Da es aber immer auf den konkreten Einzelfall ankommt, ist eine persönliche Beurteilung für Sie als Verkäufer und Nicht-Jurist völlig deplatziert.

Sicherung der Kaufpreiszahlung

Die meisten Verkäufer sagen weiteren Kaufinteressenten ab, wenn der notarielle Kaufvertrag mit ihrem Käufer abgeschlossen und „die Tinte getrocknet ist". Besser wäre es, die Kaufinteressenten noch weiter „auf dem Schirm zu behalten" für den Fall, dass der Käufer den Kaufpreis nicht zahlt. Insofern sollte die endgültige Absage an die anderen Kaufinteressenten erst dann erfolgen, wenn das Geld auf Ihrem Konto gelandet ist. Sicher ist sicher, vorbeugen ist besser als heilen!

Eine hundertprozentige Sicherheit dafür, dass Ihr Käufer auch tatsächlich zahlt, haben Sie leider nicht. Allerdings gibt es eindeutige Anzeichen dafür. Wenn beispielsweise die Bank des Käufers Ihr Haus oder Ihre Eigentumswohnung zwecks Darlehenszusage bewerten will und dazu erforderliche Beleihungsunterlagen von Ihrem Käufer verlangt, ist dies schon einmal ein gutes Zeichen. Nach Vorlage der Darlehenszusage oder sogar des von beiden Seiten unterschriebenen Darlehensvertrags steigt Ihr Sicherheitsgefühl.

Sofern der Notar dann Ihre Vollmacht zur Eintragung einer Grundschuld zugunsten der Gläubigerbank des Käufers einholt oder den Käufer nach Unterzeichnung des notariellen Kaufvertrags gleich zur notariellen Bestellung der Grundschuld an Ort und Stelle verpflichtet, wird aus dem „Bauchgefühl" schon die fast sichere Erkenntnis, dass die Zahlung des Kaufpreises problemlos über die Bühne gehen wird.

Dennoch sollten Sie die rechtlichen Möglichkeiten für den Ernstfall (worst case) einer Nichtzahlung kennen. Um keine Zeit zu versäumen, könnten Sie die Urkunde des notariellen Kaufvertrags als Vollstreckungstitel nutzen und in das Vermögen des Käufers zwangsvollstrecken. Dies wird Ihnen aber wenig nützen, wenn der Käufer inzwischen insolvent geworden wird. Sie kennen sicher den Spruch: „Einem nackten Mann kann man nicht in die Tasche greifen."

Der nächste Schritt besteht darin, umgehend die Löschung der Auflassungsvormerkung im Grundbuch durch den Notar zu beantragen, damit Sie sich erneut auf Käufersuche begeben und so schnell wie möglich einen neuen Kaufvertrag mit einem dann hoffentlich solventen Käufer abschließen können.

Sofern Ihr insolventer Käufer dem Notar bereits beim Abschluss des Kaufvertrags eine Löschungsvollmacht erteilt hat, geht dies recht schnell.

Der letzte Schritt ist dann die Rückabwicklung des notariellen Kaufvertrags. Rechtlich wird also so getan, als ob der Vertrag nie zustande gekommen wäre. Die Kosten für den Notar müssen Sie als Verkäufer nicht tragen, falls der Käufer den Notar mit der Erstellung des Kaufvertrags beauftragt hat („Wer die Musik bestellt, muss sie auch bezahlen"). Gleiches gilt für die Zahlung der Grundbuchgebühren und der Grunderwerbsteuer, da diese laut Kaufvertrag der Käufer zu tragen hat. Meist hat er die Grunderwerbsteuer noch gar nicht bezahlt, sodass er sie auch nicht zurückfordern kann.

So ärgerlich die Nichtzahlung des Kaufpreises auch sein mag: Bei Ihrem nächsten Verkauf werden Sie noch mehr auf Nummer sicher gehen und Ihre Immobilie nur an einen hundertprozentig solventen Käufer verkaufen. In rund 95 Prozent aller Fälle wird der notarielle Kaufvertrag von beiden Vertragsparteien auch so erfüllt, wie es darin vereinbart ist. Nur in Ausnahmefällen platzt der Kaufvertrag, dann aber meist wegen Nichtzahlung des Kaufpreises.

Steuern und Abgaben

Ihr Ziel als Verkäufer sollte es sein, den erhofften Veräußerungsgewinn steuerfrei zu kassieren.

Mit Sicherheit gelingt Ihnen dies, wenn Sie Ihre Immobilie mehr als zehn Jahre in Ihrem Besitz halten. Nach dem Verkauf Ihrer Immobilie sind Sie von der Zahlung der Grundsteuer künftig befreit. Die Grunderwerbsteuer wird der Käufer zahlen.

Grundsteuer als laufende Steuer auf Grundbesitz

Das Steueramt Ihrer Gemeinde hat die Grundsteuer vierteljährlich am 15.2., 15.5., 15.8. und 15.11. eines jeden Jahres von Ihrem Konto abgebucht. Nach der Besitzübergabe an Ihren Käufer sollten Sie Ihr Finanzamt auf den Eigentümerwechsel schriftlich hinweisen sowie Namen und Anschrift des neuen Eigentümers angeben. Falls Sie noch für einige Monate Grundsteuer zahlen, da Sie laut Grundbuch noch der rechtliche Eigentümer sind, werden Sie von Ihnen gezahlte Grundsteuerbeträge für die Zeit von der Besitzübergabe bis zur Eigentumsumschreibung von Ihrem Käufer vereinbarungsgemäß zurückfordern.

Die Grundsteuer ist eine laufende Steuer auf den Haus- und Grundbesitz, die Sie und ab Übernahme auch Ihr Käufer bei vermieteten Immobilien laut Mietvertrag auf die Mieter mit der jährlichen Betriebskostenabrechnung umlegen können. Sie wird im Westen nach dem Einheitswert vom 1.1.1964 ermittelt. Im Osten wird der Grundstückswert von 1935 herangezogen, der in der Regel niedriger liegt. Darüber haben Sie oder Ihr Voreigentümer einen Einheitswertbescheid vom zuständigen Finanzamt bekommen, den Sie an den Käufer Ihrer Immobilie weitergeben sollten.

Auf Basis des Einheitswerts ermittelt das Finanzamt einen Grundsteuermessbetrag in Höhe von bis zu 3,5 Promille des Einheitswerts und erlässt dazu einen Grundsteuermessbescheid. Nach Festsetzung des Hebesatzes für die Grundsteuer B erhält der jeweilige Eigentümer dann jedes Jahr einen Grundsteuerbescheid von seiner Gemeinde.

Die Kritik an der Grundstücksbewertung aufgrund der mehr als 50 Jahre alten Einheitswerte besteht schon seit Langem. Das Urteil des Bundesverfassungsgerichts vom 10.4.2018 (Az. 1 BvL 11/14 u.a.) verlangt vom Gesetzgeber eine Neuregelung bis Ende 2019, da die bisherige Bewertung gegen den Gleichheitsgrundsatz nach Artikel 3 des Grundgesetzes verstößt. Nur noch bis Ende 2024 dürfen die alten Werte verwendet werden.

Grunderwerbsteuer als einmalige Steuer beim Kauf

Wie schon der Name sagt, wird die Grunderwerbsteuer beim Kauf einer Immobilie erhoben und für jede Immobilie nur einmal vom Haus- und Wohnungseigentümer bezahlt.

Bei Käufen vor dem 1.9.2006 lag der Grunderwerbsteuersatz bei maximal 3,5 Prozent des Kaufpreises. Seit 1.9.2006 können die Bundesländer aufgrund der Föderalismusreform den Satz eigenständig höher festlegen, was bisher alle Bundesländer außer Bayern und Sachsen genutzt haben.

In Nordrhein-Westfalen liegt der Grunderwerbsteuersatz für Immobilienkäufe seit 1.1.2015 beispielsweise schon bei 6,5 Prozent des Kaufpreises. Gegenüber dem ehemaligen Satz von 3,5 Prozent für Käufe vor dem 1.10.2011 stellt dies fast schon eine Verdoppelung des Grunderwerbsteuersatzes innerhalb von nur gut drei Jahren dar, und gegenüber dem Satz von 5 Prozent für Käufe im Zeitraum von 1.10.2011 bis 31.12.2014 immerhin noch eine Steigerung um 30 Prozent.

Die Grunderwerbsteuer zahlt laut notariellem Kaufvertrag üblicherweise der Käufer. Der Notar übersendet dem zuständigen Finanzamt den Kaufvertrag, woraufhin dieses dem Käufer einen Grunderwerbsteuerbescheid mit der Aufforderung zur Zahlung innerhalb eines Monats zusendet. Nach Zahlung der Grunderwerbsteuer erteilt das Finanzamt dem Käufer die Unbedenklichkeitsbescheinigung.

Bemessungsgrundlage für die Grunderwerbsteuer ist der reine Kaufpreis ohne Notar- und Grundbuchgebühren. Allerdings lässt sich die Höhe der Grunderwerbsteuer vermindern, falls im reinen Kaufpreis noch folgende Posten enthalten sind:

- **Instandhaltungsrücklage** beim Kauf von gebrauchten Eigentumswohnungen (Nachweis durch Vorlage der letzten Verwalterabrechnung mit aktuellem Stand der Instandhaltungsrücklage)
- **Zubehör** beziehungsweise Einrichtungsgegenstände (zum Beispiel Einbauküche, Sauna, Rasenmäher, Häcksler und andere Gartengeräte).

Falls Sie Instandhaltungsrücklage und/oder Einrichtungsgegenstände auf Ihren Käufer übertragen, sollten Sie den Kaufpreis entsprechend aufteilen und den Wert für Instandhaltungsrücklage und/oder Zubehör getrennt ausweisen. Damit ersparen Sie Ihrem Käufer einen kleinen Teil der Grunderwerbsteuer. Außerdem dienen diese Posten auch zur nachträglichen Rechtfertigung des vereinbarten Kaufpreises.

Allerdings sollten Sie realistisch bleiben und insbesondere den Wert des Zubehörs nicht zu hoch ansetzen. Das Finanzamt wird keine Beträge für das Zubehör anerkennen, die im Verhältnis zum restlichen Kaufpreis unangemessen hoch sind.

Ausnahmen von der grundsätzlichen Grunderwerbsteuerpflicht gibt es nur in folgenden Fällen:

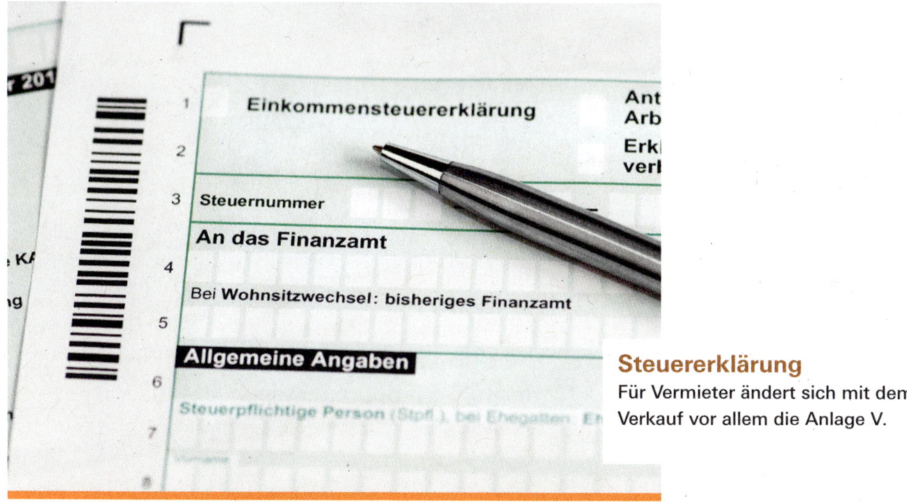

Steuererklärung
Für Vermieter ändert sich mit dem Verkauf vor allem die Anlage V.

- **Kaufpreis** bis zu einer Freigrenze von 2 500 Euro
- **Verkauf zwischen Ehegatten** und eingetragenen Lebenspartnern
- **Verkauf an Verwandte** in gerader Linie (zum Beispiel an Kinder, Eltern oder Großeltern)
- **Schenkung oder Erbschaft** statt Verkauf (stattdessen fällt unter Umständen Schenkung- beziehungsweise Erbschaftsteuer an, und zwar eventuell auch bei Schenkungen oder Erbschaften unter Verwandten bei Überschreiten von persönlichen Freibeträgen).

Unternehmen als Käufer können die Grunderwerbsteuer durch einen sogenannten Share Deal komplett vermeiden. Dabei kaufen sie Anteile (engl. share) von weniger als 95 Prozent des Immobilienvermögens einer Objektgesellschaft, die vom verkaufenden Unternehmen extra zu diesem Zwecke gegründet wurde. Dieser Portfolioverkauf von meist 94 bis 94,9 Prozent ist grunderwerbsteuerfrei. Nach Ablauf der Fünfjahresfrist können dann die restlichen 5,1 bis 6 Prozent übertragen werden. Die grunderwerbsteuerfreien Share Deals haben in den letzten Jahren stark zugenommen. Im Jahr 2013 waren es in Berlin 4 Milliarden Euro an Immobilienumsätzen, in Frankfurt am Main 2 Milliarden und in Düsseldorf immerhin noch 844 Millionen Euro, die auf diese Weise ihren Besitzer wechselten. Mit Schreiben vom 9.7.2014 hat der Bundesfinanzhof die Regelungen für einen grunderwerbsteuerfreien Share Deal zwar verschärft, aber noch nicht aufgehoben.

Privaten Immobilienverkäufern ist der Weg über einen Share Deal immer versperrt. Insofern ist es nicht einzusehen, warum dieser besondere Steuertrick bei Immobilientransaktionen zwischen Unternehmen immer noch zugelassen wird. Wenn dies auch künftig so bleibt, wird die Grunderwerbsteuer künftig fast nur noch von privaten Immobilienkäufern gezahlt.

Einkommensteuer

Wenn Sie Ihre zum Verkauf stehende Immobilie bisher immer selbst bewohnt haben, spielen der Verkauf Ihres Eigenheims ebenso wie die vorhergehende Bewirtschaftung bei der Einkommensteuer überhaupt keine Rolle.

Anders sieht das bei Immobilien aus, die Sie vermietet haben. Bisher haben Sie dann die Mieteinnahmen und Werbungskosten in der Anlage V (Einkünfte aus Vermietung und Verpachtung) zur Einkommensteuererklärung angegeben. Beim Verkauf von vermieteten Immobilien entfallen ab Besitzübergabe sowohl Mieteinnahmen als auch Werbungskosten.

Die Ihnen entstandenen Verkaufsnebenkosten (zum Beispiel Kosten für Anzeigen und für Fahrten bei Besichtigungen, eventuell Maklerprovision sowie eventuell Vorfälligkeitsentschädigung beim Ausgleich der Restschulden vor Ablauf der Zinsbindung) können Sie steuerlich nicht mehr in der Anlage V unter Werbungskosten absetzen, da diese Nebenkosten nicht im Zusammenhang mit der Vermietung, sondern mit dem Verkauf stehen. Werbungskosten sind nach § 9 EStG „Aufwendungen zur Erwerbung, Sicherung und Erhaltung von Einnahmen". Der Veräußerungserlös zählt aber nicht als laufende Einnahme, sondern als Umschichtung von Immobilien- in Geldvermögen.

Die bisher von Ihnen geltend gemachten Abschreibungen von meist 2 Prozent der Gebäudekosten (bei Fertigstellung des Gebäudes nach dem 31.12.1924) laufen nach der Besitzübergabe aus. Sie können diese sogenannte lineare AfA (Absetzung für Abnutzung) also nur noch für die Monate im Verkaufsjahr steuerlich absetzen, in denen Sie noch wirtschaftlicher Eigentümer waren. Abschreibungen werden also monatsgenau (pro rata temporis) abgerechnet.

Um Ihrem Käufer den steuerlichen Abzug „seiner" künftigen Abschreibungen beziehungsweise AfA zu erleichtern, sollten Sie im notariellen Kaufvertrag eine Kaufpreisaufteilung vornehmen. Beispiel: „Vom Kaufpreis in Höhe von 250 000 Euro entfallen 200 000 Euro auf Grund und Boden". Wenn Ihr Finanzamt bisher immer 80 Prozent „Ihrer" Gebäudekosten als Bemessungsgrundlage für die Abschreibung angesetzt hatte, wird es dies beim Käufer voraussichtlich auch so handhaben.

Das Finanzamt muss sich aber nicht an die im Kaufvertrag angegebene Aufteilung des Kaufpreises in Boden- und Gebäudeanteil halten, sondern kann eigene Aufteilungsmaßstäbe anlegen. Es gilt die einfache Regel: Je höher der Gebäudekostenanteil beziehungsweise je niedriger der Grundstückanteil, desto höher fallen die Abschreibungen aus. Über die richtige Aufteilung in Gebäude- und Grundstückskosten kann man sich trefflich streiten. Die Restwertmethode, bei der vom Kaufpreis einfach der Bodenrichtwert abgezogen wird, ist nach einem Urteil des Bundesfinanzhofs vom 25.1.1985 nicht mehr erlaubt.

Richtig ist die Verkehrswertmethode, wobei Bodenwert und Gebäudewert getrennt ermittelt werden. Da dies umständlich und meist nur anhand von vorliegenden Gutachten möglich ist, begnügen sich die Finanzämter oft mit einer Schätzmethode. Hierbei wird der Gebäudekostenanteil aufgrund von Erfahrungswerten beispielsweise auf 80 Prozent bei Eigentumswohnungen und 70 Prozent bei Mietwohnhäusern geschätzt. Sofern Sie mit der Schätzmethode bisher gut gefahren sind, sollten Sie diese auch Ihrem Käufer nennen und vielleicht sogar empfehlen.

Steuerfreie Veräußerungsgewinne

Wenn Sie Ihre Immobilie mehr als zehn Jahre lang in Ihrem Besitz hatten, ist der Veräußerungsgewinn immer steuerfrei. Die Zehnjahresfrist zählt vom Notardatum des Kaufs bis zum Notardatum des Verkaufs. Daher sollten zwischen beiden Kaufvertragsdaten mindestens zehn Jahre und ein Tag liegen, um ganz auf Nummer sicher zu gehen.

Diese Zehnjahresfrist gilt immer für vermietete Immobilien. Bei selbst genutzten Immobilien (zum Beispiel selbst bewohntes Einfamilienhaus oder selbst genutzte Eigentumswohnung) bleibt ein möglicher Veräußerungsgewinn aber auch vor Ablauf der Zehnjahresfrist steuerfrei, wenn Sie Ihre Immobilie von Anfang an selbst genutzt oder zumindest im Jahr des Verkaufs und in den beiden vorangegangenen Kalenderjahren selbst genutzt haben. Auf die tatsächliche Besitz- beziehungsweise Haltedauer kommt es dann also nicht an.

→ Steuerfrei oder nicht?

Der Kauf eines Einfamilienhauses erfolgte am 1.4.2012, die Vermietung an Dritte lief bis Ende 2015, ab 1.1.2016 begann die Selbstnutzung bis zum Verkauf am 1.12.2017. In diesem Fall haben Sie Ihr Haus nur in den Kalenderjahren 2016 und 2017 selbst genutzt, was zur Steuerfreiheit eines möglichen Veräußerungsgewinns nicht reicht.

Wenn Sie das Haus aber mit notariellem Kaufvertrag erst zum 1.4.2018 verkaufen, kommen Sie auf drei Kalenderjahre für die Selbstnutzung (2015, 2016 und 2017) und somit noch in den Genuss des steuerfreien Veräußerungsgewinns. Genaues Planen und Rechnen lohnt sich also.

Besteuerung von Veräußerungsgewinnen

Sofern Sie Ihre vermietete Immobilie innerhalb der Zehnjahresfrist kaufen und verkaufen (zum Beispiel Kauf am 1.4.2012 und Verkauf am 1.4.2018) und dabei einen Veräußerungsgewinn erzielen, müssen Sie diesen Gewinn unter sonstigen Einkünften aus privaten Veräußerungsgeschäften mit Ihrem persönlichen Steuersatz versteuern. Ihr Finanzamt wird den Anlagen V zu Ihren Einkommensteuererklärungen für die Jahre 2012 bis 2018 ohne Mühe entnehmen kön-

nen, dass Sie die Zehnjahresfrist nicht eingehalten haben.

Auch wenn Sie versehentlich oder gar bewusst den Veräußerungsgewinn verschweigen, wird Ihnen dies nichts nützen. Das Finanzamt wird Sie auffordern, alle Unterlagen zur Berechnung des möglichen Veräußerungsgewinns offenzulegen.

Berechnung eines Veräußerungsgewinns

So berechnet das Finanzamt die Höhe des Veräußerungsgewinns bei vermieteten Immobilien nach § 23 Absatz 3 EStG:
Veräußerungserlös (= reiner Verkaufspreis)
– Verkaufsnebenkosten (z.B. Inserate, Maklerprovision)
= Verbleibender Veräußerungserlös
– Anschaffungskosten (Kaufpreis plus Kaufnebenkosten)
– Bisher in Anspruch genommene Abschreibungen
= Steuerlicher Veräußerungsgewinn

Wenn der Veräußerungserlös nach Abzug von Verkaufsnebenkosten beispielsweise 300 000 Euro ausmacht und die Anschaffungskosten bei 250 000 Euro lagen, werden also nicht nur 50 000 Euro versteuert. Hinzu kommt die durch den Verkauf nunmehr „aufgedeckte" stille Reserve in Höhe der bisher in Anspruch genommenen Abschreibungen von beispielsweise 24 000 Euro (2 Prozent von 200 000 Euro Gebäudekosten über 6 Jahre), sodass Sie insgesamt sogar 74 000 Euro mit Ihrem persönlichen Steuersatz versteuern müssen.

Ob private Veräußerungsgewinne beim Verkauf von vermieteten Immobilien zu versteuern sind, hängt also ausschließlich von der Besitzdauer ab. Wenn Sie vermietete Immobilien, die sich in Ihrem Privatvermögen befinden, frühestens zehn Jahre und einen Tag nach Kauf wieder verkaufen, gehört auch der Verkauf noch zur privaten Vermögensverwaltung.

Dies gilt auch für umfangreichen Grundbesitz oder für den Fall, dass Sie innerhalb kurzer Zeit Ihre sämtlichen Immobilien an verschiedene Erwerber verkaufen. Es reicht, dass sich die verkauften Immobilien vorher mehr als zehn Jahre in Ihrem Privatbestand befanden.

Private Vermögensverwaltung und Drei-Objekt-Grenze

Auf gefährliches Glatteis begeben Sie sich hingegen, wenn die Besitzdauer weniger als zehn Jahre beträgt. Den Veräußerungsgewinn müssen Sie dann versteuern, sofern es sich nicht ausnahmsweise um eine vorher ausschließlich oder zumindest im Jahr des Verkaufs und den beiden vorangegangenen Kalenderjahren selbst genutzte Immobilie handelt.

Auch der Verkauf von zwei oder gar drei Immobilien innerhalb von beispielsweise drei oder sechs Jahren zählt noch zur privaten Vermögensverwaltung. Halten Sie also auf jeden Fall die Drei-Objekt-Grenze ein, wenn Sie Ihre Immobilien vor Ablauf von zehn Jahren verkaufen wollen oder müssen. Zwar müssen Sie dann die eventuell anfallenden Veräußerungsgewinne der Einkommensteuer unterwerfen, mehr aber zumindest nicht. Die Zahlung von Gewerbesteuer bleibt Ihnen dann erspart.

Gewerblicher Grundstückshandel und Gewerbesteuer

Verkaufen Sie mehr als drei Immobilienobjekte (Ein- oder Zweifamilienhäuser, Eigentumswohnungen) innerhalb eines Fünf-Jahres-Zeitraums, werden Sie automatisch als gewerblicher Grundstückshändler eingestuft. Unangenehme Folge: Sie zahlen nicht nur Einkommensteuer auf die Veräußerungsgewinne, sondern zusätzlich noch Gewerbesteuer.

Ihre Veräußerungsgewinne werden bei der Einkommensteuer als Einkünfte aus Gewerbebetrieb (statt Einkünften aus privaten Veräußerungsgeschäften) erfasst, und damit unterliegen sie nicht mehr nur der Einkommensteuer, sondern auch der Gewerbesteuer. Auch wenn es bei der Berechnung der Gewerbesteuer Freibeträge gibt, kann die zusätzliche gewerbesteuerliche Belastung ganz erheblich sein.

Objekte mit einer Besitzdauer von mehr als zehn Jahren werden bei der Drei-Objekt-Grenze allerdings nicht mitgezählt. Daher ist beispielsweise beim Verkauf von fünf Eigentumswohnungen innerhalb von fünf Jahren noch private Vermögensverwaltung anzunehmen, falls mindestens zwei Eigentumswohnungen vor dem Verkauf mehr als zehn Jahre vermietet oder selbst genutzt wurden.

Bei Verheirateten gilt die Drei-Objekt-Grenze für jeden Ehegatten, sodass jeder Ehegatte bis zu drei Objekte innerhalb von fünf Jahren veräußern darf, ohne als gewerblicher Grundstückshändler mit Pflicht zur Zahlung von Gewerbesteuer zu gelten. Man könnte daher bei Ehegatten, die jeweils drei Objekte im Alleineigentum besitzen und diese innerhalb von fünf Jahren verkaufen, sogar von der „Sechs-Objekt-Grenze" sprechen. Nutzen Sie diese legalen Gestaltungsmöglichkeiten, sofern Sie mehr als drei Immobilien besitzen.

Die Kreditgeber einplanen

Mit der Klärung rechtlicher und steuerlicher Fragen rund um den Immobilienverkauf ist es nicht getan.

Die finanzielle Situation nach dem Verkauf sieht völlig anders aus als vorher. Mit der Tilgung der Restschulden ist möglicherweise eine hohe Vorfälligkeitsentschädigung zu zahlen, die es nach Möglichkeit zu vermeiden gilt. Dann bleibt in aller Regel noch ein ansehnlicher Vermögensüberschuss übrig. Was aber tun mit Geld, das kaum noch Zinsen bringt?

Restschuldermittlung

Ist Ihre Immobilie bereits vollständig entschuldet, müssen Sie dem Notar lediglich eine Löschungsbewilligung für die noch in der Dritten Abteilung stehenden Grundschulden erteilen. Die Kosten der Löschung zahlt laut notariellem Kaufvertrag typischerweise der Verkäufer.

Oft lasten noch Restschulden auf Ihrer Immobilie. Diese sollten Sie schon vor dem Verkauf genau ermitteln. Zwar werden diese Restschulden aus der Zahlung des Kaufpreises abgelöst. Um die verbleibenden Restschulden wegen geplanter Ablösung weit vor Ende der vereinbarten Zinsbindung zu vermindern, lohnt sich eine Erhöhung des vereinbarten Tilgungssatzes und damit der laufenden Tilgung, falls dies nach dem Darlehensvertrag möglich ist.

Zusätzlich sollten Sie die jährliche Sondertilgung von 5 bis 10 Prozent der Darlehenssumme nutzen, falls dies in Ihrem Darlehensvertrag vereinbart ist. Am besten beginnen Sie damit schon ein paar Jahre vor dem geplanten Verkauf.

Vorteilhaft ist es, wenn laut Darlehensvertrag beide Tilgungsmodalitäten – jährliche Sondertilgung von 5 bis 10 Prozent der Darlehenssumme und Erhöhung des vereinbarten Tilgungssatzes auf bis zu 5 Prozent – bestehen. Sie können dann einen schnelleren Abbau Ihrer Hypothekenschulden bis zum Verkauf Ihrer Immobilie erreichen.

Vorfälligkeitsentschädigung

Falls Sie Ihre Immobilie vor Ablauf der Zinsbindungsfrist verkaufen wollen, muss die Bank Sie aus Ihrem Darlehensvertrag entlassen. Ihre Bank wird Ihnen aber den Zins- und Margenschaden – die sogenannte Vorfälligkeitsentschädigung – in Rechnung stellen. Über deren Höhe wird seit Jahren vor Gerichten erbittert gekämpft. Eine ganze Reihe von Urteilen ist bisher zur Berechnung der „richtigen" Höhe der Vorfälligkeitsentschädigung ergangen. Darin kennen sich nur noch darauf spezialisierte Finanzmathematiker und Juristen aus, während Laien kapitulieren oder diese Profis mit Gutachten und Klageerhebung gegen die Bank beauftragen.

Im Grundsatz vergleicht die Bank den aktuell niedrigen Hypothekenzins oder einen noch niedrigeren Anlagezins mit dem laut Darlehensvertrag vereinbarten höheren Hypothekenzins und errechnet daraus ihren Zinsschaden. Sie will also für den entgangenen Zinsüberschuss entschädigt werden. Hinzu kommen noch die Verwaltungskosten für die Bearbeitung und Berechnung.

Ob sich ein Streit mit Ihrer Bank lohnt, hängt ganz vom Einzelfall ab. Am besten bitten Sie Ihre Bank schon mehrere Wochen vor dem Immobilienverkauf um eine erste Überschlagsrechnung, quasi um einen Kostenvoranschlag. Sie sollten diese vorläufige Berechnung der Vorfälligkeitsentschädigung durch Ihre Bank dann anhand der Daten aus Ihrem Darlehensvertrag nach Eingabe in einen Vorfälligkeitsrechner überprüfen, wie er beispielsweise unter www.test.de zu finden ist. Sofern die Differenz zwischen Berechnung der Bank und Vorfälligkeitsrechner im Internet nur sehr gering ist, lohnt sich der Streit meist nicht.

Widerrufsjoker

Um der Vorfälligkeitsentschädigung zu entgehen oder sogar später noch dagegen vorzugehen, konnten bestimmte Darlehenskunden bis März 2016 noch den sogenannten Widerrufsjoker einsetzen. Sie setzten darauf, dass die Widerrufsbelehrung bei Darlehensverträgen bis Ende 2010 falsch und daher unwirksam war. Ohne rechtliche Hilfe durch spezialisierte Rechtsanwälte oder Verbraucherzentralen kamen die meisten aber nicht weiter.

Drei Szenarien sind schließlich denkbar:

1. Ihre Bank beharrt darauf, dass ihre Widerrufsbelehrung korrekt war und bekommt vor Gericht auch recht. Dann haben Sie die Anwalts- und Gerichtskosten zu tragen, falls diese nicht von Ihrer Rechtsschutzversicherung übernommen werden.
2. Möglicherweise lenkt Ihre Bank schon vorgerichtlich ein und senkt ihre Vorfälligkeitsentschädigung oder verzichtet sogar völlig darauf.
3. Denkbar ist schließlich auch, dass Sie vor Gericht obsiegen und der komplette Darlehensvertrag rückabgewickelt werden muss.

Pfandtausch

Die Vorfälligkeitsentschädigung können Sie als Eigentümer von mehreren Immobilien ganz vermeiden, indem Sie die Restschuld als Grundpfandrecht auf eine ihrer nur noch wenig belasteten Immobilien übertragen. Bei diesem Pfandtausch nehmen Sie praktisch Ihr Restdarlehen aus der verkauften Immobilie im Huckepackverfahren mit und bringen es in eine Nachfinanzierung einer vermieteten oder selbst genutzten Immobilie ein.

Immobilienkredite
Klären Sie frühzeitig mit Ihrem Kreditgeber, wie mit dem laufenden Kreditvertrag verfahren werden soll.

Die relativ geringe Pfandtauschgebühr können Sie leicht verschmerzen. Sofern bei der bisher eingetragenen Grundschuld auf der nicht zum Verkauf stehenden Immobilie infolge hoher Tilgungen noch genügend Luft besteht, entstehen keine zusätzlichen Notar- und Grundbuchkosten. Nur für die Löschung der Grundschuld bei der verkauften Immobilie müssen Sie die Löschungsgebühr bezahlen.

Darlehensübernahme durch Käufer

Statt das Darlehen von dem einen auf das andere Objekt zu übertragen und das Pfand lediglich auszutauschen, könnten Sie das Darlehen auch auf Ihren Käufer übertragen.

Diese Darlehensübernahme ist heutzutage aber eher theoretischer Natur, da sich dies wegen der extrem niedrigen aktuellen Hypothekenzinsen und dem mit ziemlicher Sicherheit höheren Zinssatz bei Ihrem Darlehen für den Käufer wirtschaftlich nicht lohnen wird.

Darüber hinaus willigt Ihre Bank in eine Darlehensübernahme nur ein, wenn die Bonität des Käufers ähnlich gut ist wie bei Ihnen und eine zusätzliche Darlehensübernahmegebühr bezahlt wird. Der nüchtern kalkulierende Käufer wiederum wird an einer Darlehensübernahme nur interessiert sein, wenn die Zinsen für das Altdarlehen plus Darlehensübernahmegebühr bei gleicher Restlaufzeit unter den Zinsen für ein Neudarlehen liegen würden. Dies dürfte in einer anhaltenden Niedrigzinsphase aber so gut wie ausgeschlossen sein.

Anlage des Vermögensüberschusses

Freude kommt auf, wenn nach Ablösung der Restschulden aus dem Kaufpreis noch ein ansehnlicher Vermögensüberschuss übrig bleibt. Die meisten Immobilienverkäufer wissen bereits vorher, was sie damit machen werden.

Die Verkäufer einer selbst genutzten Immobilie werden das Geld wie geplant in eine größere oder kleinere Immobilie zur Selbstnutzung investieren. Beispielsweise wird ein junges Paar mit Kindern von der zu klein gewordenen Eigentumswohnung auf ein größeres Einfamilienhaus umsteigen wollen. Ein älteres Ehepaar, dem das Einfamilienhaus nach Auszug der Kinder zu groß und die Pflege des Gartens zu beschwerlich ist, möchte vielleicht in eine kleinere stadtnahe Eigentumswohnung umziehen.

Kapitalanleger in vermietete Eigentumswohnungen investieren den Vermögensüberschuss als „Wiederholungstäter" möglicherweise in den Erwerb weiterer Eigentumswohnungen oder sogar eines Mietwohnhauses. Sie steigen quasi vom Kleinkapitalanleger in die Gruppe der privaten Immobilieninvestoren auf.

Die wenigsten Immobilienverkäufer werden einen Teil des Vermögensüberschusses in offenen oder gar geschlossenen Immobilienfonds anlegen. Vielleicht haben sie damit in der Vergangenheit schon selbst schlechte Erfahrungen gemacht oder sind als passionierte Direktanleger grundsätzlich nicht an Immobilienfonds interessiert. Auch Immobilienaktien und hochriskante Immobilienanleihen kommen für diese Gruppe meist nicht infrage.

Wenig bekannt, aber durchaus attraktiv sind Anlagen in Wohnungsgenossenschaften. Der Erwerb von Genossenschaftsanteilen verspricht nicht nur eine in der Regel stabile Dividende von meist fünf Prozent. Darüber hinaus gibt es rund 60 Wohnungsgenossenschaften mit einer von der BaFin (Bundesamt für Finanzdienstleistungsaufsicht) genehmigten Spareinrichtung. Diese Wohnungsgenossenschaften mit Spareinrichtung bieten fast immer höhere Zinsen für Spar- und Festgelder als Banken und Sparkassen. Insbesondere mit Bonussparplänen über eine Laufzeit von sieben Jahren kann man noch sichere Renditen von zwei bis drei Prozent erzielen.

Wer den Vermögensüberschuss weder in Immobilien noch in Aktien oder Gold stecken will, hat angesichts der Niedrig- und Nullzinspolitik der EZB ein Problem. Die mageren Guthabenzinsen bei reinen Festzinsanlagen werden höchstwahrscheinlich von Steuern und Inflation aufgefressen, sodass der Nettorealzins auf null fällt oder sogar negativ wird.

Meist wird ein hoher Teil des Vermögensüberschusses auf wenig rentierlichen Tages- oder Festgeldkonten zwischengelagert in der vagen Hoffnung, dass die Zinsen künftig mal wieder steigen werden.

Dem „Luxusproblem" einer wenig rentierlichen Wiederanlage ihres Geldes entgehen hingegen private Immobilienverkäufer, die endlich ihre lang ersehnte Traum- oder Weltreise antreten oder ein kostenintensives Hobby betreiben wollen. Auch der Erwerb von Luxusgütern wie teuren Wagen, Schmuck oder Kunstgegenständen mag für einige nun endlich realisierbar sein.

Der Ausgabe von überschüssigem Geld für langlebige Güter und kurzlebigen Konsum sind bekanntlich keine Grenzen gesetzt. Jeder darf mit seinem Geld tun und lassen, was er will und für sich als erstrebenswert ansieht. Geld ausgeben oder sparen ist immer noch Privatsache.

Varianten bei der Kaufpreis-zahlung

Üblicherweise erhält der Verkäufer nach dem freihändigen Verkauf oder einer Versteigerung den Erlös auf einen Schlag. Auch beim Immobilienverkauf gilt das Prinzip „Ware gegen Geld".

Es gibt darüber hinaus aber noch eine Reihe von Sonderfällen wie Verkauf gegen Kaufpreisraten, Verkauf auf Rentenbasis, Verkauf gegen Versorgungsleistungen oder Übertragung gegen Nießbrauch. In den ersten drei Fällen handelt es sich um eine Veräußerung gegen wiederkehrende Bezüge. Der vierte Sonderfall stellt eine Schenkung mit Auflage dar, die letztlich nichts anderes als eine vorweggenommene Erbfolge darstellt.

Verkauf gegen Kaufpreisraten

Jedem ist die Ratenzahlung vom Kauf einer Ware her bekannt. Insbesondere mobile Güter wie Autos werden häufig auf Raten gekauft. Beim Kauf von immobilen Gütern wie Eigenheime oder Miethäuser ist dies eher eine Ausnahme.

Es kommt aber durchaus vor, dass der Käufer den größeren Teil des Kaufpreises (zum Beispiel 200 000 Euro) in einer Summe bezahlen und den Rest (zum Beispiel 100 000 Euro) bei Ihnen in Raten abstottern will, da er eine Finanzierung über eine Bank ablehnt.

Den Wunsch des Käufers, einen Teil des vereinbarten Kaufpreises in Raten zu zahlen, können Sie durchaus erfüllen, wenn Sie sich hinsichtlich der Restzahlung entsprechend absichern.

Die wichtigste Absicherung erfolgt über die Eintragung einer Sicherungshypothek in der Dritten Abteilung des Grundbuchs. Als Gläubiger für die Restzahlung in Höhe von beispielsweise 100 000 Euro sollten Sie diese Forderung einschließlich Zinsen unbedingt erstrangig absichern, um im Falle einer Nichtzahlung als bestrangiger Gläubiger gegen Ihren Käufer als Restschuldner vorzugehen.

Im Übrigen verfahren zuweilen auch Handwerker so, um sich für die Bezahlung von umfangreicheren Arbeiten (zum Beispiel Erneuerung eines Flachdachs für 50 000 Euro) finanziell abzusichern. Man spricht dann von der Handwerkersicherungshypothek.

Selbstverständlich sollten Sie als Verkäufer den Restkaufpreis nicht zinslos in Raten zahlen lassen. Wenn Ihr Käufer beispielsweise 100 000 Euro innerhalb von zehn Jahren in gleichen Monatsraten abstottern will, sollten Sie einen aktuellen Zinssatz für ein zehnjähriges Volltilgerdarlehen zugrunde legen.

Beispiel: Der Sollzins für ein Volltilgerdarlehen über zehn Jahre soll aktuell bei 1 Prozent liegen bei der zinsgünstigsten Bank. Ein im Vergleich zum Bankzins höherer Zins von beispielsweise 1,5 Prozent berücksichtigt einen Risikoaufschlag für den privaten Darlehensnehmer sowie die Tatsache, dass für eine alternative Festgeldanlage über zehn Jahre noch ein Zins von 1,5 Prozent zu erzielen ist.

Mit dem Hypothekenrechner unter www.fmh.de (dort „Detailanalyse" wählen und beispielsweise Kaufpreis 300 000 Euro, Darlehen 100 000 Euro und Volltilgung nach zehn Jahren eintragen) können Sie für einen Hypothekenzins der Bank von beispielsweise nur 1,09 Prozent leicht die monatliche Rate von 880 Euro ermitteln. Im Jahr sind dies 10 560 Euro und nach zehn Jahren hat der Käufer insgesamt 105 600 Euro bezahlt.

Von den 105 600 Euro entfallen 100 000 Euro auf die Tilgung des Restkaufpreises und 5 600 Euro auf die Zinsen. Die jährliche Belastung des Käufers liegt bei 10,56 Prozent des von Ihnen gewährten Darlehens, wovon 1,09 Prozent auf den Sollzins und 9,47 Prozent auf die Tilgung zuzüglich ersparter Zinsen entfallen.

Sie können den Tilgungssatz bei gegebenem Sollzins (zum Beispiel 1,5 Prozent) und gegebener Tilgungsdauer (hier zehn Jahre) auch mithilfe Ihres Taschenrechners ermitteln, wenn Sie folgende Formel verwenden:

Den Tilgungssatz berechnen

$$t = p : [(1 + p/1200)^{12n} - 1]$$

mit t = Tilgungssatz in %, p = Zinssatz in %, n = Tilgungsdauer in Jahren

Hier die Berechnung mit Zwischenschritten:

$$t = 1{,}5 : [1{,}00125^{120} - 1]$$
$$= 1{,}5 : [1{,}1617 - 1]$$
$$= 1{,}5 : 0{,}1617 \qquad = 9{,}28\ \%$$

Diese Formel oder ein spezieller Hypothekenrechner im Internet hilft Ihnen auch, zu einem höheren Zinssatz von beispielsweise 2 Prozent den dazu passenden Tilgungssatz bei einer Volltilgung nach zehn Jahren sowie die entsprechende Monatsrate zu ermitteln.

Bei einem Sollzins von 2 Prozent würde sich nach der obigen Berechnungsformel beispielsweise ein Tilgungssatz von 9,04 Prozent sowie eine Monatsrate von 920 Euro ergeben. Nach zehn Jahren sind dann an den Verkäufer insgesamt 110 400 Euro zurückgeflossen, wovon 10 400 Euro auf die Zinseinnahmen entfallen.

Wird ein Sollzins von 2,5 Prozent angesetzt, errechnet sich bei gleicher Laufzeit ein Tilgungssatz von 8,81 Prozent und eine Monatsrate von rund 943 Euro. Bei 3 Prozent Zins steigt die Monatsrate auf rund 966 Euro.

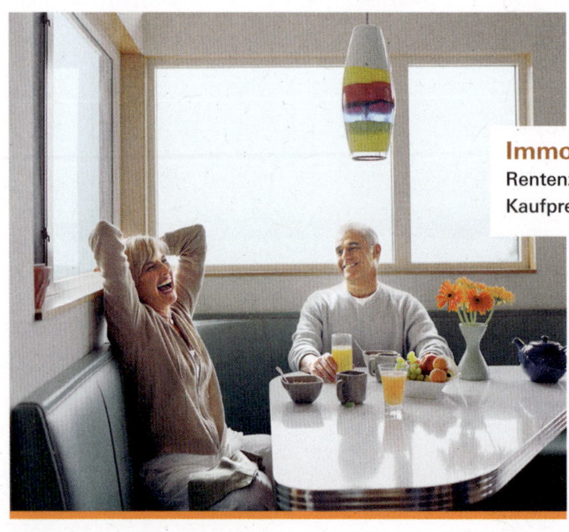

Immobilie als Zusatzrente
Rentenzahlungen können die einmalige Kaufpreiszahlung ersetzen.

Echte Kaufpreisraten und damit ein Ratenkauf liegen immer dann vor, wenn die im Zusammenhang mit dem Verkauf von Immobilien vereinbarten laufenden Zahlungen nicht von der fernen Lebenserwartung des Verkäufers abhängen und sich Leistung und Gegenleistung gleichwertig gegenüberstehen. Bei verzinslichen Raten muss der Verkäufer die erhaltenen Zinsen als Einkünfte aus Kapitalvermögen versteuern. Die einzelnen Tilgungsraten fließen ihm steuerfrei zu.

Bei der Vereinbarung von langfristigen Raten ist jede Monats- beziehungsweise Jahresrate in einen Zins- und einen Tilgungsanteil zu zerlegen. Beim Erwerb von vermieteten Immobilien kann der Käufer die gezahlten Zinsen als Werbungskosten von den Mieteinnahmen steuerlich abziehen und nach Abzug weiterer Werbungskosten (zum Beispiel Instandhaltungs-, Verwaltungskosten und Abschreibungen) die Einkünfte aus Vermietung und Verpachtung ermitteln.

Wenn der Käufer die Immobilie jedoch selbst nutzt, kann er die Schuldzinsen steuerlich nicht abziehen.

Der Ratenkauf kommt insbesondere bei Kapitalanlegern vor, die relativ hohe Eigenmittel besitzen und nur einen kleineren Rest in Raten zahlen wollen. Die laufenden Monatsraten können sie bequem aus den Mieteinnahmen bestreiten, da sie kein Hypothekendarlehen bei der Bank aufnehmen müssen und insofern keine weitere Belastung aus Kapitaldienst haben. Nach Ablauf von zehn Jahren ist das Mietobjekt dann komplett schuldenfrei.

Letztlich schlüpft der Immobilienverkäufer, der sich auf eine teilweise Ratenzahlung einlässt, in die Rolle eines Gläubigers und der Käufer in die Rolle seines Schuldners. Wie eine Bank sollte der Verkäufer dann die Bonität des Käufers eingehend überprüfen, um die laufende Zahlung der Monatsraten so weit wie möglich sicherzustellen.

Unverzinsliche Raten, die sich nur über einen kurzen Zeitraum erstrecken und mangels Zins nicht in einen Zins- und Tilgungsanteil aufgespaltet werden, führen zu keinen steuerlichen Folgen. Ein kurzer Zeitraum liegt vor, wenn die Laufzeit der Raten nicht mehr als zwölf Monate beträgt.

Immobilienverkauf auf Rentenbasis

Bei einem Hausverkauf auf Rentenbasis wird nicht die einmalige Zahlung eines Kaufpreises, sondern eine periodisch wiederkehrende, meist monatliche Rentenzahlung vereinbart. Sie ist auf die Lebenszeit eines Menschen (Leibrente) oder auf die Dauer von mindestens zehn Jahren (Zeitrente) ausgerichtet. Die Höhe der Veräußerungsleibrente orientiert sich am Verkehrswert der Immobilie und berücksichtigt das Alter des Verkäufers sowie das aktuelle Zinsniveau.

Für den Immobilienverkäufer ist die langfristige Sicherung seines Lebensstandards durch die Rentenzahlung von großer Bedeutung. Damit während der häufig sehr langen Laufzeiten von Leibrenten kein Kaufkraftverfall eintritt, vereinbaren Käufer und Verkäufer eventuell noch eine Wertsicherungsklausel, die eine mögliche Geldentwertung durch Koppelung der Rente an die Inflationsrate ausgleicht.

Die Veräußerungsleibrente ist im Gegensatz zur reinen Versorgungsrente eine nach kaufmännischen Grundsätzen abgewogene Gegenleistung für den Erwerb einer Immobilie. Sie kann auch mit Verwandten, selbst mit den nächsten Angehörigen vereinbart werden. Allerdings muss sie dann einem Fremdvergleich standhalten. Das ist dann der Fall, wenn der Rentenbarwert als Summe aller abgezinsten Leibrenten in etwa dem Verkehrswert entspricht.

Immobilienrenten sollten unbedingt zugunsten des Verkäufers als Reallast im Grundbuch eingetragen werden. Durch eine Reallast wird gemäß § 1105 BGB ein Grundstück in der Weise belastet, dass der Begünstigte einen grundbuchlich gesicherten Anspruch auf „wiederkehrende Leistungen aus dem Grundstück" erhält.

→ Immobilienrente als Leib- oder Zeitrente

Immobilienrenten können als Leibrente oder Zeitrente vereinbart werden.

Die Leibrente wird dem Verkäufer der Immobilie bis zu seinem Lebensende gezahlt (§ 759 BGB). Ihre Höhe bemisst sich nach dem Wert der Immobilie, dem Lebensalter des Verkäufers und dem aktuellen Zinsniveau. Leibrenten sind der Regelfall beim Verkauf einer Immobilie auf Rentenbasis.

Die Zeitrente wird für einen bestimmten Zeitraum von mindestens zehn Jahren gezahlt, und zwar unabhängig von einem zwischenzeitlichen Ableben des Verkäufers.

Als frei gestaltbare Varianten sind möglich: eine Teilverrentung des Kaufpreises (Kombination einer verringerten Einmalzahlung mit einer Leib- oder Zeitrente), ein späterer Beginn der Rentenzahlungen oder eine spätere Übergabe der Immobilie.

Häufig wird zusätzlich zum Hausverkauf auf Rentenbasis ein meist lebenslanges, aber auch befristet mögliches Wohnungsrecht für den Verkäufer vereinbart. Die Rentenzahlung wird dann um den Wert des Wohnungsrechts reduziert. Solche Angebote für mindestens 70-jährige Selbstnutzer eines Einfamilienhauses oder einer Eigentumswohnung unterbreitet beispielsweise die Deutsche Leibrenten AG.

Leibrenten können für die Lebensdauer einer einzelnen Person oder mehrerer Personen („verbundene Leben", zum Beispiel für Ehepartner oder Geschwister) vereinbart werden. Eine Leibrente bedeutet für den Verkäufer eine lebenslange finanzielle Absicherung. Das Risiko einer Leibrente besteht für den Käufer darin, dass die von ihm gezahlte Summe aller Renten bei einer langen Lebensdauer des Verkäufers deutlich höher ausfallen kann als bei einer einmaligen Kaufpreiszahlung.

Der Berechnung einer Leibrente liegen der Verkehrswert der Immobilie und die aus den Sterbetafeln des Statistischen Bundesamts zu entnehmende ferne Lebenserwartung des Verkäufers zugrunde. Außerdem werden neben dem gewählten Zinssatz auch der Zahlungsrhythmus (zum Beispiel monatlich oder quartalsweise) berücksichtigt sowie die vor- oder nachschüssige Zahlung zu Beginn oder Ende eines Abrechnungszeitraums. Eine eventuelle Vereinbarung einer Leibrente für verbundene Leben fließt ebenfalls in die Berechnung ein.

Bei der Ermittlung der Leibrentenhöhe wird eine bestimmte Verzinsung des Kapitalwerts zugrunde gelegt. Über die Höhe dieser Verzinsung lässt sich trefflich streiten. In offiziellen Tabellen wird immer noch mit einem Zins von 5,5 Prozent gerechnet, der angesichts der anhaltenden Niedrigzinsphase allerdings viel zu hoch ist.

Grundsätzlich gilt: Je älter ein Verkäufer zum Zeitpunkt des Vertragsabschlusses ist, desto höher ist seine Leibrente: Verkauft beispielsweise eine 45-jährige Frau eine Immobilie, und wird bei einem Verkehrswert von 300 000 Euro eine Verzinsung von hohen 5,5 Prozent pro Jahr zugrunde gelegt, so erhält die Verkäuferin eine Monatsrente von 1528 Euro.

Einer bei Vertragsabschluss 70-jährigen Frau würden jedoch bei einer gleich hohen Verzinsung 2256 Euro monatlich ausgezahlt.

Die Berechnung der monatlichen Leibrente bei 5,5 Prozent Verzinsung erfolgt, indem der Verkehrswert der Immobilie von 300 000 Euro durch den Kapitalwert der Leibrente (auch Abfindungsbetrag genannt, laut der Tabelle rechts beispielsweise 16,362 für eine 45-jährige und 11,082 für eine 70-jährige Frau nach der ab 1.1.2017 gültigen Tabelle des Bundesfinanzministeriums, siehe Seiten 141 bis 143) geteilt wird.

Kapitalwert einer Leibrente von 1 Euro jährlich

Der Kapitalwert ist nach der am 20. August 2016 veröffentlichten Allgemeinen Sterbetafel 2013/2015 des Statistischen Bundesamts unter Berücksichtigung von Zwischenzinsen und Zinseszinsen mit 5,5 Prozent errechnet worden. Der Kapitalwert der Tabelle (Auszug für Lebensalter von 45 bis 90 Jahre) ist der Mittelwert zwischen dem Kapitalwert für jährlich vorschüssige und jährlich nachschüssige Zahlungsweise.

Vollendetes Lebensalter	Männer		Frauen	
	Durchschnittliche Lebenserwartung [Jahre]	Kapitalwert	Durchschnittliche Lebenserwartung [Jahre]	Kapitalwert
45	34,56	15,745	38,96	16,362
46	33,63	15,596	38,01	16,241
47	32,71	15,440	37,06	16,113
48	31,79	15,276	36,11	15,979
49	30,88	15,106	35,17	15,840
50	29,97	14,927	34,23	15,693
51	29,08	14,744	33,30	15,540
52	28,20	14,554	32,37	15,380
53	27,32	14,355	31,45	15,213
54	26,46	14,151	30,54	15,040
55	25,61	13,940	29,64	14,860
56	24,77	13,722	28,73	14,670

Vollendetes Lebensalter	Männer		Frauen	
	Durchschnittliche Lebenserwartung [Jahre]	Kapitalwert	Durchschnittliche Lebenserwartung [Jahre]	Kapitalwert
57	23,94	13,497	27,84	14,474
58	23,12	13,264	26,95	14,268
59	22,32	13,027	26,06	14,053
60	21,52	12,779	25,19	13,832
61	20,74	12,528	24,32	13,601
62	19,97	12,269	23,46	13,362
63	19,21	12,002	22,60	13,111
64	18,45	11,725	21,74	12,849
65	17,71	11,444	20,90	12,580
66	16,98	11,155	20,07	12,303
67	16,26	10,860	19,24	12,013
68	15,54	10,552	18,42	11,714
69	14,83	10,237	17,61	11,405
70	14,13	9,915	16,80	11,082
71	13,44	9,585	16,00	10,750
72	12,77	9,252	15,21	10,407
73	12,10	8,908	14,42	10,050

Vollendetes Lebensalter	Männer		Frauen	
	Durchschnittliche Lebenserwartung [Jahre]	Kapitalwert	Durchschnittliche Lebenserwartung [Jahre]	Kapitalwert
74	11,44	8,556	13,64	9,682
75	10,79	8,198	12,87	9,303
76	10,16	7,838	12,12	8,918
77	9,55	7,478	11,38	8,524
78	8,94	7,106	10,66	8,125
79	8,37	6,748	9,97	7,727
80	7,81	6,384	9,30	7,327
81	7,28	6,030	8,66	6,931
82	6,77	5,680	8,04	6,535
83	6,30	5,349	7,46	6,152
84	5,86	5,031	6,90	5,770
85	5,44	4,721	6,38	5,406
86	5,05	4,426	5,88	5,046
87	4,68	4,141	5,42	4,706
88	4,32	3,858	4,99	4,380
89	3,99	3,593	4,59	4,070
90	3,68	3,341	4,22	3,778

Bei einem Zinssatz von deutlich unter 5,5 Prozent steigt der Kapitalwert beziehungsweise Abfindungsfaktor, sodass die monatliche Leibrente dementsprechend sinkt.

Um den Käufer nicht mit einem als zu hoch empfundenen Zinssatz abzuschrecken, kann man sich auch an der Höhe der garantierten Sofortrenten der privaten Rentenversicherer bei Zahlung eines Einmalbeitrags orientieren. Wenn Sie beispielsweise Ihre Immobilie zu einem Preis von 300 000 Euro verkaufen und diesen Betrag bei dem kostengünstigen Direktversicherer HUK 24 investieren würden, bekämen Sie dort als 65-jähriger Mann eine garantierte Sofortrente von monatlich 992 Euro. Bei einer durchschnittlichen Lebenserwartung von weiteren 17,71 Jahren laut Sterbetafel des Statistischen Bundesamts und einer jährlichen Rentensteigerung um 2 Prozent würde sich diese Rente auf monatlich 1389 Euro nach 17 Jahren hochschaukeln. Diese 1389 Euro liegen aber immer noch rund 800 Euro unter der monatlichen Leibrente von 2 185 Euro bei Annahme einer Verzinsung von 5,5 Prozent und dem Abfindungsfaktor 11,444 laut obiger Tabelle.

Diese Vergleichszahlen verdeutlichen, dass die Durchschnittsverzinsung von 5,5 Prozent laut offizieller Tabelle viel zu hoch und der Garantiezins von 0.9 Prozent laut privater Rentenversicherung zu gering angesetzt sind. Aus diesem Grund klaffen die Monatsrenten so weit auseinander. Beim Verkauf auf Rentenbasis gilt es daher, einen für Verkäufer und Käufer fairen Zinssatz zu wählen (zum Beispiel 2 oder 3 Prozent bei einer statistischen Rentendauer von 18 Jahren wie für einen 65-jährigen Mann) und dann daraus die monatliche Leibrente zu errechnen.

Eine Mindestzeitrente kombiniert die Elemente von Leibrente und Zeitrente: Die Rentenzahlung erfolgt bis zum Lebensende des Verkäufers, jedoch mindestens für einen vereinbarten Zeitraum. Von der Mindestzeitrente profitieren also möglicherweise die Erben des Immobilienverkäufers.

Die Höchstzeitrente ist eine Leibrente, die höchstens für den vereinbarten Zeitraum ausgezahlt wird, jedoch bei Ableben innerhalb dieser Zeitspanne mit sofortiger Wirkung vorzeitig endet.

Wird eine Zeitrente vereinbart, so wird die Leibrente für einen bestimmten Zeitraum gezahlt. Die Rentenzahlung erfolgt (anders als bei Leibrenten) unabhängig von der Lebensdauer der am Kaufvertrag beteiligten Personen. Bei einer Zeitrente ist somit der gesamte zu zahlende Betrag für beide Vertragsparteien kalkulierbar. Zeitrenten werden grundsätzlich wie Leibrenten berechnet. Allerdings entfallen die Berücksichtigung des Alters und des Geschlechts des Verkäufers.

Aus Sicht des Verkäufers kann die Immobilienrente durchaus attraktiv sein. Die individuelle Interessenlage eines Verkäufers entscheidet darüber, ob für ihn eine Leib-

rentenzahlung günstiger ist als der Erhalt eines Einmalkaufpreises.

Ein Immobilienverkäufer kann durch die Vereinbarung einer Zeitrente oder Leibrente seinen Lebensunterhalt absichern oder seine Altersrente aufbessern.

Oft erzielt der Verkäufer bei einer Leibrentenvereinbarung einen größeren Gesamterlös als bei einer einmaligen Kaufpreiszahlung.

Zudem können sich aus den speziellen Steuervorschriften, die für Leibrenten gelten, für den Verkäufer Vorteile gegenüber der Besteuerung aus Kapitalerträgen ergeben. Schließlich muss er nur den relativ geringen Ertragsanteil der Leibrente versteuern.

→ Nur Ertragsanteil der Leibrente ist steuerpflichtig

Auf Leibrenten fallen für den Verkäufer nur geringe Steuern an. Besteuert wird nur der Ertragsanteil der Privatrente, der den pauschal geschätzten Zinsanteil der Leibrente erfasst. Der in der Leibrente enthaltene Kapitalanteil bleibt steuerfrei.

Wer mit 65 Jahren zum ersten Mal eine Leibrente bezieht, muss nur 18 Prozent davon versteuern. Hierzu ein Beispiel: monatliche Leibrente 800 Euro, steuerpflichtig 144 Euro, anteilige Steuer nur 36 Euro bei einem persönlichen Steuersatz von beispielsweise 25 Prozent.

Je später der Rentenbeginn liegt, desto geringer fällt wegen der statistisch geringeren Lebensdauer auch der Ertragsanteil aus. Bei 67-Jährigen sind es beispielsweise 17 Prozent und bei 70-Jährigen nur 15 Prozent. Umgekehrt steigt der Ertragsanteil, je jünger der Rentenbezieher ist. 60-jährige Leibrentner müssen beispielsweise 22 Prozent ihrer Privatrente versteuern und 55-Jährige 26 Prozent (siehe Tabelle „Steuerpflichtige Ertragsanteile bei Leibrenten",Seite 147).

Allerdings müssen Verkäufer, die eine Immobilie auf Rentenbasis veräußern möchten, auf dem freien Immobilienmarkt einen zahlungskräftigen Käufer finden, der für viele Jahre in der Lage ist, die vereinbarte Rente zu bezahlen.

Immobilienverkäufer scheuen häufig davor zurück, ihr finanzielles Wohlergehen von einem privaten Schuldner abhängig zu machen, der zwar zum jetzigen Zeitpunkt zahlungskräftig erscheinen mag. Wie jedoch die Bonität des Schuldners in einigen Jahren beschaffen sein wird, lässt sich meist schwer einschätzen.

Um diesem Dilemma zumindest beim Verkauf eines selbstbewohnten Eigenheims zu entkommen, wenden sich einige professionelle Anbieter wie die Stiftung Liebenau oder die Deutsche Leibrenten AG an die älteren Selbstnutzer von Einfamilienhäusern oder Eigentumswohnungen.

Nach dem Verkauf seines Eigenheims bleibt der ehemalige Eigentümer darin wohnen und erhält ein lebenslanges Wohnungsrecht. Darüber hinaus wird ihm eine monatliche Leibrente gezahlt, also eine lebenslange Rente.

Wenn der Verkehrswert der selbstgenutzten Eigentumswohnung mit einer Wohnfläche von 100 Quadratmetern beispielsweise bei 300 000 Euro liegt und beide Eheleute 75 Jahre alt sind, könnte das Wohnungsrecht mit monatlich 1 000 Euro angesetzt werden, was einer kalkulatorischen Miete von 10 Euro pro Quadratmeter entspricht. Darüber hinaus bekämen die Eheleute beispielsweise laut Kalkulation der Deutsche Leibrenten AG eine monatliche Leibrente von 750 Euro.

Der Verkauf auf Rentenbasis kann auch für den privaten Käufer interessant sein. Ein wesentlicher Vorteil einer Immobilienverrentung für den Käufer besteht darin, dass er die Leibrente möglicherweise ganz oder teilweise aus seinem laufenden Einkommen bestreiten kann.

Eine Zahlung aus seinem Vermögen oder die Aufnahme eines Darlehens in Höhe des Wertes des Hauses ist nicht (oder nur für einen Teilbetrag des Verkehrswerts der Immobilie) erforderlich.

Vorhandenes liquides Vermögen, das der Käufer nicht zur Kaufpreiszahlung einsetzen muss, kann er zum Beispiel zur Renovierung verwenden. Unabhängig davon, ob er die auf Rentenbasis erworbene Immobilie selbst nutzt oder vermietet, kann er den Ertragsanteil der Rente steuerlich absetzen.

Käufer werden darauf achten, dass sie sich nicht zu einer überhöhten Rentenzahlung verpflichten. Für Immobilieninteressenten, die eine Immobilie auf Rentenbasis erwerben möchten, ist es häufig nicht leicht, einen Verkäufer zu finden. Ein öffentlich zugängliches Verzeichnis über Verkäufer, die an einer Immobilienverrentung interessiert sind, gibt es nicht.

Fazit: Sowohl Käufer als auch Verkäufer von Immobilien können von einer Immobilienverrentung profitieren. Aufgrund der

Steuerpflichtige Ertragsanteile bei Leibrenten

Vollendetes Lebensjahr bei Rentenbeginn	Ertragsanteil in % der Rente bei lebenslangen Privatrenten	Vollendetes Lebensjahr bei Rentenbeginn	Ertragsanteil in % der Rente bei lebenslangen Privatrenten
50.	30 %	65.–66.	18 %
51.–52.	29 %	67.	17 %
53.	28 %	68.	16 %
54.	27 %	69.–70.	15 %
55.–56.	26 %	71.	14 %
57.	25 %	72.–73.	13 %
58.	24 %	74.	12 %
59.	23 %	75.	11 %
60.–61.	22 %	76.–77.	10 %
62.	21 %	78.–79.	9 %
63.	20 %	80.	8 %
64.	19 %	81.–82.	7 %

vielfältigen Gestaltungsmöglichkeiten sollten sich Interessenten jedoch vor dem Abschluss eines Verrentungsvertrags vom Fachanwalt beraten lassen.

Auf jeden Fall sollte der Verkäufer die Leibrente erstrangig im Grundbuch absichern, und zwar unter „Reallast" in der Zweiten Abteilung des Grundbuchs. Falls der private Käufer später ein Hypothekendarlehen aufnimmt und es wegen rückständiger Rückzahlung der Raten auf Antrag der Gläubigerbank zu einer Zwangsversteigerung kommen sollte, müsste der Ersteigerer die aus der Leibrente bestehenden Rechte übernehmen und anstelle des ursprünglichen Käufers die Leibrente an den ehemaligen Verkäufer zahlen.

Sollte der private Käufer mit der Zahlung der Leibrenten an den Verkäufer in Rückstand geraten, kann dieser die Zwangsversteigerung der Immobilie beantragen. Sein Recht auf Zahlung einer Leibrente durch den Ersteigerer erlischt jedoch, sofern dieses Recht nicht erstrangig im Grundbuch eingetragen ist. Stattdessen erhält der ursprüngliche Verkäufer den Versteigerungserlös. Um ein „Verschleudern" in der Zwangsversteigerung zu verhindern, kann er aber auch selbst im Versteigerungstermin bieten oder enge Verwandte bieten lassen. Das wäre praktisch die allerletzte Möglichkeit, um finanzielle Verluste zu vermeiden.

Da beim Immobilienverkauf gegen Leibrente der Zeitpunkt des Ablebens beim Verkäufer immer ungewiss bleiben wird, ist diese Verkaufsvariante sowohl für Verkäufer als auch für Käufer mit einem finanziellen Risiko verbunden. Für den Verkäufer ist die Leibrente eine „Wette auf ein langes Leben". Je länger er im Vergleich zur statistischen Lebenserwartung laut Sterbetafel des Statistischen Bundesamts lebt, desto mehr rentiert sich für ihn der Verkauf auf Rentenbasis.

Für den Käufer ist es gerade umgekehrt. Er geht eine „Wette auf einen frühen Tod" des Verkäufers ein. So makaber es auch klingen mag: Je früher der Verkäufer verstirbt, desto eher hat sich für ihn der Kauf gegen Leibrente ausgezahlt.

Wegen dieser Risiken auf beiden Seiten ist es verständlich, dass der Verkauf auf Rentenbasis insbesondere unter engen Angehörigen vorkommt. Hier können beide Seiten – der in aller Regel betagte Verkäufer und der meist aus der nachfolgenden Generation stammende Käufer (zum Beispiel Sohn, Tochter, Neffe oder Nichte) – noch am ehesten die ferne Lebenserwartung des Verkäufers abschätzen und eine faire Leibrente aushandeln.

Immobilienübertragung gegen Versorgungsrente

Das Aushandeln oder gar Feilschen um die Höhe der Veräußerungsleibrente mögen die nahen Angehörigen oft nicht. Andererseits möchte der Verkäufer aus Altersgründen seine Immobilie gegen eine laufende Rentenzahlung an die nachfolgende Generation übertragen und selbst im Alter finanziell abgesichert sein. Der mögliche Ausweg ist dann die Vereinbarung einer Versorgungsrente.

Versorgungsrenten dienen in erster Linie der regelmäßigen Versorgung des Rentenberechtigten. Die Höhe der Rentenleistung richtet sich daher insbesondere nach der wirtschaftlichen Lage und dem Versorgungsbedürfnis des Verkäufers und nicht nach dem Wert der auf den rentenverpflichteten Käufer übertragenen Immobilie. Allerdings sollte auch die finanzielle Leistungsfä-

Versorgungsrente
Immobilienübertragung an die Nachkommen gegen monatliche Einnahmen.

higkeit des Rentenverpflichteten mit bedacht werden.

Aus diesem Grund liegt der Kapitalwert der Versorgungsrente (sogenannter Rentenbarwert) meist deutlich über dem Verkehrswert. Der Rentenberechtigte soll also mehr bekommen, als ihm bei einer Veräußerung zustehen würde. Das veranschaulicht das folgende Beispiel: Verkehrswert der Immobilie aktuell 300 000 Euro, aber Kapitalwert der Versorgungsrente bei 500 000 Euro. Damit die Vermögensübertragung gegen Versorgungsrente aber steuerlich dem Verkauf gegen Veräußerungsrente gleichgestellt werden kann, darf der Kapital- beziehungsweise Rentenbarwert nicht mehr als das Doppelte des Verkehrswerts ausmachen.

Liegt der Kapitalwert der Rente über dem Doppelten des Verkehrswerts (zum Beispiel Verkehrswert 300 000 Euro, aber Kapitalwert 700 000 Euro), spricht man von einer Unterhaltsrente, die im Zusammenhang mit der Übertragung von Immobilien überhaupt nicht steuerlich erfasst wird. Unterhaltsrenten dieser Art fallen unter das steuerliche Abzugsverbot für freiwillige Zuwendungen. Nur bestimmte andere Unterhaltsleistungen wie beispielsweise der Unterhalt an den geschiedenen Ehegatten ist steuerlich abzugsfähig.

Da Unterhaltsrenten für den Rentenverpflichteten nicht steuerlich abzugsfähig sind, ist von der Vereinbarung einer Unterhaltsrente abzuraten. Stattdessen sollte man die Versorgungsrente wählen, bei der zumindest der Ertragsanteil wie bei der Veräußerungsrente steuerlich berücksichtigt wird.

Immobilienübertragung gegen Nießbrauch

Insbesondere bei der Übertragung von vermieteten Immobilien an die künftigen Erben kommt der Nießbrauch nach §§ 1030 ff. BGB vor. Meist genießt der Übergeber weiterhin die Mieteinnahmen und behält sich dies vor (sogenannter Vorbehaltsnießbrauch), während der Übernehmer bereits neuer rechtlicher Eigentümer der Immobilie wird.

Im Prinzip handelt es sich dabei um eine vorweggenommene Erbfolge beziehungs-

Nießbrauch
Immobilienübertragung mit Genuss der Mieteinnahmen

weise eine Schenkung unter Auflage. Bei der Übertragung eines selbst bewohnten Einfamilienhauses oder einer selbst genutzten Eigentumswohnung schließt der Nießbrauch auch ein lebenslanges Wohnungsrecht für den Übergeber ein.

Im Unterschied zum Verkauf einer Immobilie gegen Veräußerungsrente oder zur Übertragung gegen Versorgungsrente fließt bei der Immobilienübertragung gegen Nießbrauch kein Geld. Der Übernehmer und neue Eigentümer der Immobilie muss also nichts an den Übergeber und alten Eigentümer zahlen. Auf der anderen Seite genießt der Schenker und ehemalige Eigentümer lebenslang das Recht auf die Erzielung von Einnahmen (Nießbrauch im engeren Sinne) und/oder das Recht auf Selbstnutzung einer Wohnung (Wohnungsrecht).

Sowohl bei vermietetem als auch bei selbst bewohntem Grundbesitz können Sie als Schenker und Übergeber Nießbrauchs- und Wohnungsrecht miteinander kombinieren. In der Regel reicht schon die alleinige Eintragung eines Nießbrauchrechts in der Zweiten Abteilung des Grundbuchs aus, da der Nießbrauch im weiteren Sinne auch die lebenslange Nutzung zu eigenen Wohnzwecken umfasst.

Lassen Sie aber aus Vorsichtsgründen das Nießbrauchsrecht beziehungsweise das Wohnungsrecht auf jeden Fall als erstrangiges dingliches Recht vor allen anderen Rechten im Grundbuch eintragen.

„Wohnungsrecht nur auf einem Blatt Papier zu vereinbaren, reicht nicht!"

Auch im denkbar schlimmsten Fall einer Zwangsversteigerung bleiben dann diese beiden Rechte unverändert bestehen. Das heißt, der Ersteigerer müsste Ihnen weiterhin den Genuss der Mieteinnahmen und/oder die lebenslange Nutzung der Wohnung gestatten.

Wohnungsrecht nur auf einem Blatt Papier zu vereinbaren, reicht nicht! Dingliches Wohnungsrecht im Grundbuch ist immer besser. Dieser Grundsatz sollte auch unter nahen Angehörigen gelten. Vertrauen ist gut, Absicherung ist besser. Mit Misstrauen gegenüber dem Beschenkten und neuen Eigentümer hat dies nichts zu tun. Die Grundbucheintragung dient zur Sicherheit des Schenkers und alten Eigentümers für den Fall, dass der Beschenkte später einmal die Immobilie verkauft.

Ebenso gehört die Vereinbarung eines Nießbrauchs unbedingt ins Grundbuch. Als alter Eigentümer und Nießbrauchsberechtigter (auch Nießbraucher genannt) profitieren Sie weiter von den Mieteinnahmen und versteuern wie bisher Ihre Vermietungseinkünfte. Der neue Eigentümer als Nießbrauchsgeber kommt erst nach dem Tod des Schenkers in den Genuss der Mieteinnahmen.

Völlig anders sieht die Situation beim sogenannten Zuwendungsnießbrauch aus, der in der Praxis nur selten vorkommt. Hierbei bestellt der Eigentümer (zum Beispiel Eltern) zugunsten eines Dritten (zum Beispiel Sohn oder Tochter) einen Nießbrauch. Treten dann Sohn oder Tochter gegenüber dem Mieter erkennbar als Vermieter auf, müssen sie als Nießbraucher auch die Vermietungseinkünfte versteuern. Abschreibungen können Sie im Gegensatz zum Vorbehaltsnießbraucher nicht geltend machen.

Letztlich werden beim Zuwendungsnießbrauch die Rollen völlig vertauscht. Nicht die betagten Eltern genießen die Mieteinnahmen, sondern ihre Kinder. Dafür bleiben die Eltern im Gegensatz zum Vorbehaltsnießbrauch aber weiterhin Eigentümer der Immobilie. Sie verschenken also nicht die Immobilie, sondern nur die laufenden Mieteinnahmen.

Da dies aber wegen des Nichtabzugs von Abschreibungen und des meist höheren Steuersatzes bei Sohn oder Tochter häufig zu steuerlichen Nachteilen führt, ist diese Nießbrauchsgestaltung nur die zweitbeste Lösung. Meist entspricht die Vermögensübertragung gegen Vorbehaltsnießbrauch sowohl den Interessen der Schenker (zum Beispiel Eltern) als auch der Beschenkten (zum Beispiel erwachsene Kinder) besser.

Hilfe

1 Adressen
Hier finden Sie die Anschriften und Kontaktdaten von Eigentümerorganisationen und Institutionen, die Ihnen bei Fragen helfen können.

2 Noch mehr Informationen
Internetadressen und gedruckte Veröffentlichungen, die detaillierte Informationen bieten oder spezielle Themenbereiche ausführlicher behandeln, als es dieser Ratgeber kann

3 Fachbegriffe erklärt
Kurze Erläuterungen zu wichtigen und häufigen Fachbegriffen von Juristen, Planern, Finanzprofis und Maklern, mit denen Sie beim Immobilienverkauf konfrontiert werden können

4 Stichwortverzeichnis
Schlüsselbegriffe finden Sie im Buch schnell durch das Stichwortverzeichnis.

Adressen

Deutsche Grundstücksauktionen AG
Kurfürstendamm 206
10719 Berlin,
Tel. 030/8846880
www.immobilien-auktionen.de

IVD (Immobilienverband Deutschland)
Littenstr. 10
10179 Berlin
Tel. 030/275726–0
www.ivd.net

Wohnen im Eigentum – die Wohneigentümer e. V., Verbraucherschutzverein
Thomas-Mann-Str. 5
53111 Bonn
Tel. 0228/30412670
www.wohnen-im-eigentum.de

Zentralverband der Deutschen Haus-, Wohnungs- und Grundeigentümer e. V. – Haus und Grund Deutschland
Mohrenstr. 33
10117 Berlin
Tel. 030/20216–0
www.haus-und-grund.de

Noch mehr Informationen

Im Internet

www.dghr-info.de/anbieter/deutschland-bundeslaender
Die Deutsche Gesellschaft für Home Staging und Redesign e. V. bietet neben Informationen zur Dienstleistung ein Anbieterverzeichnis, das die Suche nach Orten ermöglicht.

www.immobilienportale.com/uebersicht-immobilienportale
Hier gibt es eine ausführliche Übersicht über die Online-Immobilienportale mit Kurzcharakterisierung von Nutzergruppen und Schwerpunkten

www.test.de
Suche nach „Immobilien: Kaufen oder mieten? Preise für 115 Städte und Kreise"

www.wohnungsboerse.net
Kostenlose Online-Wohnungsbörse von privat an privat

www.zvg-portal.de
Kostenlose Infos der Amtsgerichte über bevorstehende Zwangversteigerungen von Immobiliien

Gedrucktes

Meine Immobilie verkaufen, verschenken oder vererben,
Seyfried, Karl-Heinz, Verbraucherzentrale NRW, 1. Auflage 2017

Immobilien richtig verkaufen,
Hobbie, Dirk, Moneylive e. K., 2012

Immobilien von/an privat,
Probst, Stephan, Immoverlag, 1. Auflage 2008

Energieausweis
Finanztest 5/2018 Seiten 47 bis 49

Fachbegriffe erklärt

Abschreibung

Jährliche Wertminderung des Gebäudes und Gebäudeteils, die bei Vermietung steuerlich abzugsfähig ist. Bei vermieteten Wohn- oder Gewerbeimmobilien können 2 % der Gebäudekosten bzw. bei vermieteten Eigentumswohnungen 2 % der anteiligen Gebäudekosten unter Werbungskosten bei den Einkünften aus Vermietung und Verpachtung angesetzt werden.

Alleinauftrag (Makler)

Auftrag zum Verkauf einer Immobilie an nur einen Makler. Dadurch wird dem Auftraggeber die Beauftragung eines anderen Maklers während der Laufzeit des Maklervertrags untersagt.

Altlasten

Umweltgefährdende Stoffe auf oder unter Grundstücken, die beispielsweise durch stillgelegte Mülldeponien oder Zechen und Chemieablagerungen verursacht sind. Altablagerungen und Altstandorte werden in einem Altlastenkataster erfasst.

Auflassung

Einigung zwischen Verkäufer und Käufer über die Eigentumsübertragung bei Immobilien (gem. § 925 BGB). Die Auflassung ist von der notariellen Beurkundung des Grundstückskaufvertrags gem. § 313 BGB zu unterscheiden. Nach § 873 BGB geht das Eigentum an einem Grundstück erst durch Einigung (Auflassung) und Eigentumsumschreibung im Grundbuch über.

Auflassungsvormerkung

Die Vormerkung in der Zweiten Abteilung des Grundbuchs dient der Sicherung des schuldrechtlichen Anspruchs des Käufers auf Eigentumsübertragung bei Immobilien (auch Eigentumsvormerkung genannt). Ein mit einer Auflassungsvormerkung belastetes Grundstück kann weder an Dritte verkauft noch beliehen werden.

Aufteilungsplan

Bauzeichnung, in der Räume beispielsweise einschließlich der dazu gehörenden Kellerräume als Sondereigentum bezeichnet und mit einer Nummer versehen sind. Aus dem Aufteilungsplan, der mit Unterschrift und Stempel der zuständigen Behörde versehen ist, ergeben sich Lage und Größe der im Sonder- bzw. Wohnungseigentum und im Gemeinschaftseigentum stehenden Gebäudeteile.

Bauantrag

Antrag an die zuständige Gemeinde, nach Prüfung der beigefügten Unterlagen (zum Beispiel Lageplan, Bauzeichnungen, Berechnung des umbauten Raumes) die Erlaubnis zur Durchführung des Bauvorhabens zu erteilen

Baubeschreibung

Aufstellung über alle Ausstattungsmerkmale für ein Bauvorhaben mit präzisen Mengen-, Leistungs- und Qualitätsangaben über die zu verwendenden Materialien.

Baugebiete

Im Flächennutzungsplan nach der besonderen baulichen Nutzung ausgewiesene Flächen wie reine Wohngebiete (WR), allgemeine Wohngebiete (WA), Gewerbegebiete (GE) oder Mischgebiete (MI).

Baugenehmigung

Schriftlicher Genehmigungsbescheid der zuständigen Behörde (Bauamt), dass dem Bauvorhaben nach öffentlichem Recht keine Hindernisse entgegenstehen. Die Baugenehmigung kann Auflagen enthalten, ist befristet und gebührenpflichtig.

Baulast

Bebaubarkeitsbeschränkung als öffentliche Last auf einem Grundstück, die im Baulastenverzeichnis der Gemeinde eingetragen ist. Durch die Baulast kann es zu einer Beeinträchtigung der Eigentumsrechte kommen. Von der Bauaufsichtsbehörde erteilte Baugenehmigungen sind oft mit einer Baulast gekoppelt.

Bauplan, Bauzeichnung

Maßgerechte Zeichnung eines Bauwerks, also aller Geschosse und Außenansichten sowie eines Schnitts durch das Treppenhaus. Zum Bauantrag wird üblicherweise ein Satz Zeichnungen im Maßstab 1:100 eingereicht.

Baureifes Land

Grundstücke, die sofort bebaut werden können, da sie im Wirkungsbereich eines bestandskräftigen Bebauungsplans liegen.

Bauwert

Herstellungswert des Gebäudes, aller sonstigen baulichen Anlagen und Außenanlagen inklusive der Baunebenkosten unter Berücksichtigung der technischen und wirtschaftlichen Wertminderung sowie sonstiger wertbeeinflussender Umstände (auch Zeitbauwert genannt). Typischerweise wird der umbaute Raum in Kubikmetern mit dem Raummeterpreis multipliziert. Bauwert und Bodenwert ergeben zusammen den Sachwert einer Immobilie, der Grundlage für die Ermittlung des Verkehrswerts durch Gutachter ist.

Bebauungsplan

Auf der Grundlage des Flächennutzungsplans von der Gemeinde entwickelter Plan, der Auskunft über beispielsweise Dichte, Bebauung und Höhe gibt. Festgelegt werden auch Baulinien, Baugrenzen, Bebauungstiefen, Mindestgrößen, Tiefen und Breiten.

Beleihungswert

Wert, der vom Kreditgeber für Beleihungszwecke festgesetzt wird. Der Beleihungswert liegt bei Immobilien in der Regel 10 bis 15 Prozent unter dem Kaufpreis bzw. den Gesamtkosten. Er wird bei selbstgenutzten Immobilien aus dem Sachwert und bei Mietobjekten meist aus dem Ertragswert der Immobilie ermittelt.

Beschlusssammlung

Sammlung aller nach dem 1.7.2007 verkündeten Beschlüsse in der Eigentümerversammlung. In die vom Hausverwalter geführte Beschlusssammlung haben auch Kaufinteressenten ein Einsichtsrecht.

Besitzübergabe

Übergang von Nutzen und Lasten auf den Käufer einer Immobilie, der damit wirtschaftlicher Eigentümer wird. Üblicherweise setzt die Besitzübergabe die Zahlung des Kaufpreises durch den Käufer voraus.

Bestandsverzeichnis

Teil des Grundbuchs, in dem die Grundstücke nach Wirtschaftsart, Lage und Größe unter Vermerk von Teilungen und die mit dem Eigentum verbundenen Rechte beschrieben sind.

Betriebskosten

Laufende Kosten, die dem Eigentümer durch den bestimmungsgemäßen Gebrauch einer Immobilie entstehen. Hierzu gehören gemäß Betriebskostenverordnung (BetrKO) insbesondere Grundsteuer, Müllabfuhr, Feuerversicherungsprämie, Kalt- und Abwasserkosten sowie Heiz- und Warmwasserkosten. Im Falle der Vermietung werden die Betriebskosten in der Regel auf den Mieter umgelegt und in Form von monatlichen Vorauszahlungen mit jährlicher Abrechnung erhoben.

Betriebsvermögen

Immobilien gehören zum Betriebsvermögen, wenn sie dem gewerblichen Betrieb des Grundstückseigentümers zu mehr als 50 Prozent dienen.

Bewirtschaftungskosten

Laufende Belastung des Eigentümers für Betriebs-, Instandhaltungs- und Verwaltungskosten. Umlagefähig auf Mieter sind nur die laufenden Betriebskosten. Nach § 24 II. Berechnungsverordnung sind Bewirtschaftungskosten alle regelmäßig anfallenden Kosten (Betriebskosten, Verwaltungskosten und kalkulatorisches Mietausfallwagnis), die zur Bewirtschaftung eines Gebäudes erforderlich sind.

Bieterverfahren

Privates Verfahren, bei dem Kaufinteressenten am Tag der gemeinsamen Besichtigung oder bis zu einer Woche später Gebote abgeben. Diese Bieterverfahren sind nicht mit Auktionen oder freiwilligen Versteigerungen zu verwechseln.

Bodenwert/Bodenrichtwert
Wert des Grund und Bodens, also des unbebauten Grundstücks. Für die Bewertung durch Gutachter werden Vergleichspreise für Grundstücke gleicher Lage und mit gleichen Eigenschaften herangezogen. Typischerweise geht man von Bodenrichtwerten aus, die als durchschnittliche Lagewerte für den Boden von den örtlichen Gutachterausschüssen aus Kaufpreissammlungen ermittelt und in regelmäßigen, meist jährlichen Abständen bekanntgegeben werden.

Darlehensablösung
Ablösung einer noch bestehenden Darlehensrestschuld beim Verkauf einer Immobilie. Die zulasten des ehemaligen Eigentümers eingetragene Grundschuld wird nach Darlehensablösung gelöscht.

Darlehensübernahme
Übernahme eines bestehenden Darlehens durch den Käufer. Dies setzt voraus, dass der Darlehensgeber bei entsprechender Käuferbonität einer Übernahme zustimmt und der Verkäufer eine Darlehensgebühr zahlt.

Dauernde Last
Über längere Zeiten zwischen Verkäufer bzw. Schenker und Käufer bzw. Beschenktem vereinbarte wiederkehrende Bezüge (z. B. lebenslange Renten oder Versorgungsleistungen zugunsten des Verkäufers oder Schenkers), die in der Zweiten Abteilung des Grundbuchs eingetragen und dadurch dinglich gesichert werden (bis 2007 möglich).

Drei-Objekt-Grenze
Verkäufe von maximal drei Objekten innerhalb von fünf Jahren zählen zur privaten Vermögensverwaltung und lösen keine Gewerbesteuerpflicht aus. Bei Überschreitung der Drei-Objekt-Grenze liegt gewerblicher Grundstückshandel vor, der hinsichtlich der Veräußerungsgewinne einkommen- und gewerbesteuerpflichtig ist.

Dritte Abteilung des Grundbuchs
Abteilung des Grundbuchs, in dem Grundpfandrechte (Hypotheken, Grund- und Rentenschulden) verzeichnet sind. Heutzutage werden nur noch Grundschulden eingetragen, die auch zugunsten der Grundstückseigentümer bestellt werden können (sog. Eigentümergrundschulden).

Eigentümergrundschuld
Grundschuld, die zugunsten eines Eigentümers bestellt und in der Dritten Abteilung des Grundbuchs eingetragen wird. Dies dient zur Freihaltung einer bestimmten Rangstelle oder auch zur diskreten Absicherung eines Bankkredites. Ein Eigentümergrundschuldbrief kann beispielsweise an den Gläubiger als Kreditsicherheit übergeben werden.

Eigentumsumschreibung

Eintragung des neuen Eigentümers in der Ersten Abteilung des Grundbuchs, wodurch der Käufer auch rechtlicher Eigentümer der erworbenen Immobilie wird.

Eigentumswohnung

Wohnungseigentum nach Wohnungseigentumsgesetz (WEG). Das Wohnungseigentum stellt Sondereigentum des Selbstnutzers oder Vermieters dar. Zum Gemeinschaftseigentum eines in Eigentumswohnungen aufgeteilten Hauses zählen beispielsweise tragende Konstruktionen, die Außenhaut des Gebäudes, das Treppenhaus und der Aufzug. Zu jeder Eigentumswohnanlage gibt es eine Teilungserklärung und einen Aufteilungsplan.

Einheitswert

Vom zuständigen Finanzamt im Einheitswertbescheid festgesetzter Richtwert für Grundstücke und Gebäude, nach dem der Grundsteuermessbetrag und die vierteljährlich vom jeweiligen Eigentümer zu zahlende Grundsteuer festgelegt wird. Der Einheitswert zum Stichtag 1.1.1964 liegt regelmäßig weit unter dem tatsächlichen Verkehrswert eines Grundstücks.

Einkünfte aus Gewerbebetrieb

Auch private Immobilieneigentümer müssen Einkünfte aus Gewerbebetrieb versteuern, wenn sie innerhalb von fünf Jahren mehr als drei Objekte verkaufen und dadurch zum gewerblichen Grundstückshändler werden. Außer der Einkommensteuer müssen Gewerbetreibende bzw. gewerbliche Grundstückshändler nach Überschreiten von bestimmten Freibeträgen auch Gewerbesteuer an die Gemeinde zahlen.

Einkünfte

Vermieter erzielen Einkünfte aus Vermietung und Verpachtung nach dem Einkommensteuergesetz und ermitteln diese aus der Gegenüberstellung von Mieteinnahmen und Werbungskosten (z. B. Schuldzinsen, Instandhaltungskosten und Abschreibungen). Liegen die Werbungskosten über den Mieteinnahmen, entstehen steuerliche Vermietungsverluste, die mit anderen positiven Einkünften über den Verlustausgleich verrechnet werden können.

Energieausweis

Ausweis über den tatsächlichen Energieverbrauch des Haus- bzw. Wohnungsnutzers (Verbrauchsausweis) oder den geschätzten Energiebedarf (Bedarfsausweis). Beim Verbrauchausweis wird der durchschnittliche Verbrauch von Energie in den letzten drei Jahren errechnet und dann anhand einer Skala mit einer Grün-, Gelb- oder Rotmarkierung versehen, um einen geringen, mittleren oder hohen Energieverbrauch anzuzeigen. Der Bedarfsausweis wird aufgrund eines Gutachtens erstellt, wobei der Gutachter den Energiebedarf auf

Basis der verwendeten Baumaterialien, des Hauszustands und der Größe von Haus oder Wohnung ermittelt.

Erbbaurecht

Vererbliches und veräußerliches Recht, auf einem fremden Grundstück ein Bauwerk als Eigentum zu haben. Das Erbbaurecht ermöglicht es, Eigentümer eines Hauses zu sein, das auf fremdem Grund steht. Als Entgelt zahlt der Erbbauberechtigte (der Eigentümer des Gebäudes) an den Erbbaurechtsgeber (den Eigentümer des Grundstücks) den Erbbauzins. Das Erbbaurecht, das meist auf 99 Jahre befristet ist, wird durch notariell beurkundeten Vertrag und Eintragung in das Grundbuch begründet.

Erschließungskosten

Kosten, die durch die Erschließung im öffentlichen und privaten Bereich entstehen, z. B. Entsorgung und Versorgung, Wasser und Strom. Die Erschließungskosten sind vom jeweiligen Eigentümer auf Basis der Erschließungsbeitragssatzung der Gemeinde zu entrichten.

Erste Abteilung des Grundbuchs

In der Ersten Abteilung des Grundbuchs werden die jeweiligen Eigentümer der Grundstücke und Gebäude mit vollständigem Namen, Geburtsdatum und Anschrift eingetragen.

Ertragsanteil

Steuerpflichtiger Zinsanteil bei Leibrenten, die zu den sonstigen Einkünften gehören. Die Höhe des Ertragsanteils richtet sich nach dem Alter des Rentenberechtigten bei Beginn der Rentenzahlung (zum Beispiel 18 Prozent der Leibrente bei einem 65-Jährigen). Der Rentenverpflichtete kann den Ertragsanteil steuerlich unter Sonderausgaben absetzen.

Ertragswert

Summe von Bodenwert und Gebäudeertragswert bei der Wertermittlung von Gebäuden. Das Ertragswertverfahren wenden Gutachter meist bei vermieteten Immobilien an. Dabei wird der Gebäudeertragswert durch Kapitalisierung des nachhaltig erzielbaren Jahresreinertrags ermittelt.

Feuerversicherungspolice

Versicherungsschein über die abgeschlossene Wohngebäudeversicherung. Banken verlangen als Beleihungswertunterlage regelmäßig die Vorlage der Feuerversicherungspolice.

Flächennutzungsplan

Bauleitplanung der Gemeinde, mit der für das gesamte Gemeindegebiet die Art der Bodennutzung für die nächsten Jahre dargestellt wird. Auf den Flächennutzungsplan, der auch als vorbereitender Bauleitplan bezeichnet wird, folgt in aller Regel der Bebauungsplan.

Flurkarte

Karte des Katasteramtes, aus der das Flurstück mit besonderer Nummer hervorgeht. Oft ist eine Aufteilung auf mehrere Blätter erforderlich.

Gebäudekostenanteil

Anteil der Gebäudekosten an den Gesamtkosten für Grundstück und Gebäude. Da bei vermieteten Immobilien nur Gebäude bzw. Gebäudeteile steuerlich abgeschrieben werden können, muss zuvor der Gebäudekostenanteil ermittelt werden.

Gemeinschaftseigentum

Gemeinschaftseigentum ist alles, was nicht Sonder- oder Teileigentum ist. Typischerweise zählen zum Gemeinschaftseigentum das Grundstück sowie die tragenden Gebäudeteile wie Dach, Keller und Außenwände, außerdem Treppenhaus, Aufzug und Heizungsanlage.

Geschossflächenzahl

Diese im Bebauungsplan aufgeführte Zahl gibt an, wie viel qm Geschossfläche je qm Grundstücksfläche baurechtlich zulässig ist. Die Geschossfläche umfasst die Summe der Flächen aller Vollgeschosse. Für zweigeschossige Bebauung im reinen Wohngebiet wird beispielsweise eine Geschossflächenzahl (GFZ) von 0,7 festgesetzt. Das heißt: Wenn das Grundstück 500 qm groß ist, darf die Summe der Wohnflächen in den beiden Geschossen 350 qm betragen. Berechnung: Grundstücksfläche in qm x Geschossflächenzahl (GFZ) = zulässige Gesamtgeschossfläche des Gebäudes.

Gewährleistungsausschluss

Ausschluss von Gewährleistungsansprüchen des Käufers beim Verkauf von Immobilien nach dem Grundsatz „Gekauft wie besichtigt". Der Gewährleistungsausschluss greift nicht, wenn der Verkäufer ihm bekannte Mängel arglistig verschwiegen oder falsche Eigenschaften zugesichert hat.

Gewerbesteuer

Steuer auf den Gewerbeertrag und das Gewerbekapital eines Gewerbebetriebs. Auch private Eigentümer von Immobilien müssen unter Umständen Gewerbesteuer zahlen, wenn sie mehr als drei Objekte innerhalb von fünf Jahren verkaufen und somit einen gewerblichen Grundstückshandel betreiben.

Gewöhnlicher Maklerauftrag

Der Eigentümer beauftragt einen Immobilienmakler, ihm den Verkauf und Vertragsabschluss über eine Immobilie zu vermitteln. Im Gegensatz zum Alleinauftrag kann der Immobilieneigentümer beim gewöhnlichen Maklerauftrag auch mehrere Immobilienmakler gleichzeitig beauftragen.

Grundbuch

Öffentliches Register über alle Grundstücke, das beim zuständigen Amtsgericht geführt wird (in Baden-Württemberg beim jeweiligen Notar). Das Grundbuch besteht aus dem Bestandsverzeichnis und der Ersten bis Dritten Abteilung. Für jedes Grundstück wird ein gesondertes Grundbuchblatt angelegt.

Grundbuchgebühren

Gebühren für die Auflassungsvormerkung und Eigentumsumschreibung sowie die Eintragung von Grundschulden im Grundbuch. Bei notariellen Kaufverträgen liegen die Gerichtsgebühren bei rund 0,5 Prozent des Kaufpreises, sofern keine Grundschulden eingetragen werden müssen. Für die Eintragung der Grundschuld kommen noch ca. 0,3 Prozent der Darlehenssumme als Gerichtsgebühren hinzu.

Grunddienstbarkeiten

Grundstücksbelastungen zugunsten des jeweiligen Eigentümers eines anderen Grundstücks (z. B. Wegerecht, Antennen- und Leitungsrecht, Wohnungsbesetzungsrecht), die in der Zweiten Abteilung des Grundbuchs eingetragen werden und den Wert des Grundstücks, wenn überhaupt, nur geringfügig mindern.

Grunderwerbsteuer

Beim Kauf eines Grundstücks wird Grunderwerbsteuer in Höhe von 3,5 bis 6,5 Prozent des Kaufpreises je nach Bundesland fällig. Erst, wenn die Steuer gezahlt ist, erteilt das Finanzamt eine Unbedenklichkeitsbescheinigung, ohne die der Käufer nicht in das Grundbuch eingetragen wird.

Grundflächenzahl

Diese im Bebauungsplan aufgeführte Zahl gibt an, wie viel qm Grundfläche eines Gebäudes je qm Grundstücksfläche baurechtlich zulässig ist. Bei eingeschossiger Bebauung wird beispielsweise eine Grundflächenzahl (GRZ) von 0,4 festgesetzt. Das heißt: Wenn das Grundstück 500 qm groß ist, darf die bebaute Grundfläche nur 200 qm betragen. Berechnung: Grundstücksfläche in qm x Grundflächenzahl (GFZ) = zulässige Grundfläche des Gebäudes.

Grundpfandrechte

Zur Sicherung eines Kredits können Grundstücke mit einem Pfandrecht belastet werden. Kommt der Kreditnehmer seinen Verpflichtungen nicht nach, kann der Grundpfandrechtgläubiger das Grundstück zum Beispiel versteigern lassen. Das Grundpfandrecht wird ins Grundbuch eingetragen und wird als Hypothek oder Grundschuld bezeichnet. Lasten mehrere Grundpfandrechte auf einem Grundstück, wird eine Rangfolge festgelegt. Eine erstrangige Hypothek oder Grundschuld bietet dem Kreditgeber die höchstmögliche Sicherheit.

Grundrisszeichnung

Zeichnung, aus der sämtliche Räume einer Wohnung oder eines Hauses ersichtlich sind. Meist ist bei den eingezeichneten Räumen auch die Größe in Quadratmetern angegeben. Die Grundrisszeichnung ist eine wichtige Grundlage für die Kaufentscheidung.

Grundschuld

Das am häufigsten vorkommende Grundpfandrecht, das in der Dritten Abteilung des Grundbuchs eingetragen wird. Die Grundschuld ist eine dingliche Kreditsicherheit, der im Gegensatz zur Hypothek keine konkrete Forderung des Grundschuldgläubigers zugrunde liegen muss. Daher ist auch die Eintragung von sogenannten Eigentümergrundschulden möglich. Mit der Tilgung reduziert sich die Schuld gegenüber dem Kreditgeber, die im Grundbuch eingetragene Grundschuld bleibt jedoch unverändert. Sie kann deshalb auch nach der (Teil-)Rückzahlung eines Darlehens für ein neues Darlehen verwendet werden, ohne dass erneut eine Grundschuld bestellt werden muss.

Grundsteuer

Laufende Gemeindesteuer, die vom Haus- und Wohnungseigentümer vierteljährlich an die Stadtkasse zu zahlen ist. Vermieter einer Eigentumswohnung können die Grundsteuer per Mietvertrag auf den Mieter umlegen.

Gütertrennung

Zwischen Ehegatten per Ehevertrag vereinbarter Güterstand, der notariell beurkundet werden muss. Falls Gütertrennung vorliegt, kann ein Ehegatte die Immobilie allein erwerben und wird dadurch Alleineigentümer. Bei Abschluss des Darlehensvertrags verzichtet die Bank in der Regel auf Mitunterzeichnung des Vertrags oder Mitverbindlichkeitserklärung des anderen Ehegatten.

Gutachterausschuss

Ausschuss von Gutachtern bei der Gemeinde. Die Mitglieder werden auf vier Jahre bestellt und bestehen aus einem Vorsitzenden und einem ehrenamtlichen Gutachter. Auch private Immobilieneigentümer können den örtlichen Gutachterausschuss mit der Erstellung eines Verkehrswertgutachtens beauftragen.

Hausgeld

Geld, das der Hausverwalter von den Wohnungseigentümern einzieht, um die laufenden Bewirtschaftungskosten zu bezahlen. Über die monatlichen Hausgeldvorauszahlungen rechnet er jährlich in der Verwalterabrechnung ab. Das Hausgeld enthält die umlagefähigen Bewirtschaftungskosten für das Sondereigentum an der Wohnung (Betriebskosten) und die nicht umlagefähigen Bewirtschaftungskosten für das Gemeinschaftseigentum (Verwaltungs- und Instandhaltungskosten).

Hausverwalter

Von der Eigentümergemeinschaft ernannter Verwalter eines Hauses mit mehreren Eigentumswohnungen. Er ist für die wirtschaftliche Betreuung des Hauses und insbesondere die Verwaltung des Gemeinschaftseigentums zuständig. Der Hausverwalter beruft mindestens einmal jährlich eine Eigentümerversammlung ein und erstellt die jährliche Abrechnung über die entstandenen Bewirtschaftungskosten (Verwalterabrechnung). Die Vergütung des Hausverwalters liegt meist zwischen jährlich 200 und 300 Euro pro Wohnung.

Heizkostenabrechnung

Jährliche Abrechnung über die entstandenen Heiz- und Warmwasserkosten. Dabei müssen sowohl die gesamten Heizkosten als auch die Verteilungsschlüssel genannt werden. Nach der Heizkostenverordnung sollen mindestens 50 Prozent und höchstens 70 Prozent der Heizkosten nach dem Verbrauch umgelegt werden (variable Heizkosten) und nur der Rest unabhängig vom Verbrauch (fixe Heizkosten).

Home Staging

Die Immobilie wird zum Verkauf wie eine Bühne (engl. stage) mit fremden Möbeln ausstaffiert, um mehr Interesse zu wecken. Home Staging wird vor allem bei bereits leerstehenden Immobilien angewandt und von darauf spezialisierten Unternehmen angeboten.

Instandhaltungskosten

Kosten, die während der Nutzungsdauer zur Erhaltung des bestimmungsgemäßen Gebrauchs aufgewendet werden müssen. Die Instandhaltungskosten zählen zu den Bewirtschaftungskosten und sind bei vermieteten Immobilien steuerlich als Erhaltungsaufwand abzugsfähig. Bei vermieteten Eigentumswohnungen sind nur die tatsächlich angefallenen Instandhaltungskosten abzugsfähig, aber nicht die gezahlten Instandhaltungsrücklagen.

Instandhaltungsrücklage

Rückstellung bzw. Rücklage für Instandhaltungen, deren Höhe bei Eigentumswohnanlagen von der Eigentümerversammlung auf Vorschlag des Hausverwalters beschlossen wird. Als Orientierung dienen oft die Erfahrungssätze nach der II. Berechnungsverordnung. Nicht die gebildete Instandhaltungsrücklage kann der Vermieter steuerlich unter Werbungskosten absetzen, sondern nur die jeweils aufgelöste Instandhaltungsrücklage bzw. die tatsächlich entstandenen Instandhaltungskosten.

Kapitalwert einer Leibrente

Kapitalisierter Wert einer Leibrente, auch als Rentenbarwert bezeichnet. Die Höhe des Kapitalwerts einer Leibrente hängt vom Alter und Geschlecht des Rentenberechtigten, seiner fernen Lebenserwartung laut Sterbetafel des Statistischen Bundesamts und dem gewählten Zinssatz ab.

Katasteramt

Behörde, bei der das Liegenschaftsbuch sowie die Flurkarten geführt werden, die über Lage, Flurnummer, Nutzungsart und Größe der Grundstücke Auskunft geben.

Kaufnebenkosten

Kosten, die mit dem Kauf einer Immobilie im Zusammenhang stehen und steuerlich zu den Anschaffungskosten zählen. Das sind: Grunderwerbsteuer, Notargebühren für die Beurkundung des Kaufvertrags, Grundbuchgebühren für die Eigentumsumschreibung und eine evtl. Maklerprovision für die Vermittlung des Kaufobjekts.

Kaufpreisaufteilung

Aufteilung des Gesamtkaufpreises auf Grundstück (Grund und Boden) und Gebäude, was einem Vermieter die Berechnung der vom Gebäudekostenanteil abhängigen Abschreibungen erleichtert. Um dem Käufer einen Teil der Grunderwerbsteuer zu ersparen, sollten Zubehör oder eine bestehende Instandhaltungsrücklage bei Eigentumswohnungen aus dem Gesamtkaufpreis herausgerechnet werden.

Kaufpreissammlung

Sammlung von Kaufpreisen für Immobilien aufgrund von tatsächlich abgeschlossenen Kaufverträgen durch den örtlichen Gutachterausschuss. Zusätzlich können daraus Bodenrichtwerte für die Preise für Grund und Boden ermittelt werden.

Kaufvertrag, Kaufvertragsentwurf

Vertrag zwischen Verkäufer und Käufer. Bei Grundstücken bedarf der Kaufvertrag nach § 313 BGB der notariellen Beurkundung. Der vom Notar angefertigte Kaufvertragsentwurf sollte sorgfältig geprüft werden, bevor man den Notartermin wahrnimmt.

Lageplan

Katasterunterlage, die üblicherweise bereits dem Antrag zur Baugenehmigung beigefügt wurde. Aus dem Lageplan kann der Kaufinteressent die Mikrolage der Immobilie mit den möglichen Verkehrsverbindungen erkennen.

Leibrente

Lebenslange Rente als wiederkehrende, gleichbleibende Leistung für den Rentenberechtigten. Die Leibrente muss der Rentenberechtigte mit dem Ertragsanteil versteuern. Dafür kann der Rentenverpflichtete den Ertragsanteil der Leibrente steuerlich unter Sonderausgaben abziehen.

Löschungsvollmacht

Vollmachtserklärung des Käufers gegenüber dem Notar, die Auflassungsvormerkung umgehend zu löschen, falls der Kaufvertrag zum Beispiel wegen Nichtzahlung des Kaufpreises rückgängig gemacht werden soll. Die Löschungsvollmacht wird im notariellen Kaufvertrag ausdrücklich erwähnt.

Löschung von Grundschulden

Löschung von noch bestehenden Grundschulden durch Ablösung aus dem Kaufpreis. In der Regel beantragt der Notar laut Vollmacht des Verkäufers diese Löschung bei der Bank. Ist die Immobilie bereits vorher schuldenfrei, kann auch der Verkäufer selbst die Löschung der Grundschulden beantragen. Die Kosten für die Löschung trägt der Verkäufer.

Maklerprovision/-courtage

Vermittelt ein Makler die Immobilie, fällt eine Provision von 3,57 bis 7,14 Prozent des Kaufpreises an, die in der Regel der Käufer zahlen muss (regional unterschiedlich).

Miteigentumsanteil

Anteil des Wohnungseigentümers am Gemeinschaftseigentum. Da der Miteigentumsanteil mit dem Sondereigentum an einer Wohnung verbunden ist, entspricht er in der Regel dem Anteil an der gesamten Wohnfläche. Nach dem Miteigentumsanteil richtet sich die Verteilung der Bewirtschaftungskosten, wenn nicht in der Teilungserklärung oder laut Beschluss in der Eigentümerversammlung ein anderer Verteilungsschlüssel festgelegt wurde.

Modernisierung

Verbesserung von Wohnungen durch bauliche Maßnahmen, die den Gebrauchswert der Wohnungen nachhaltig erhöhen oder die allgemeinem Wohnverhältnisse auf Dauer verbessern. Modernisierungskosten zählen bei vermieteten Immobilien in der Regel zum steuerlich abzugsfähigen Erhaltungsaufwand. Im Falle der Modernisierung kann der Vermieter die jährliche Miete um 11 Prozent der für die Wohnung aufgewendeten Kosten erhöhen.

Nießbrauchsrecht

Nutzungen aus der übertragenen Immobilie (zum Beispiel Mieteinnahmen) verbleiben beim Übergeber bzw. Schenker, sofern ein Vorbehaltsnießbrauch vereinbart wurde. Der Übernehmer wird neuer Eigentümer. Dieser Vorbehaltsnießbrauch stellt letztlich eine vorweggenommene Erbfolge in Form der Schenkung unter Auflage dar. Beim Zuwendungsnießbrauch werden dem Beschenkten nur die Nutzungen aus der Immobilie überlassen. Ein Eigentumswechsel findet hierbei nicht statt.

Notarauswahl

Käufer und Verkäufer sind bei der Wahl des Notars, der den Kaufvertrag beurkunden soll, frei. In aller Regel sollte der Käufer den Notar beauftragen, da er laut Kaufvertrag auch die Notargebühren bezahlen muss.

Notarielle Beurkundung (Kaufvertrag)

Von einem Notar in einem Schriftstück niedergelegte Bestätigung, dass er die Abgabe von Willenserklärungen (z. B. Kaufvertrag über den Kauf einer Immobilie) selbst wahrgenommen und richtig wiedergegeben hat. Notarielle Beurkundungen werden kraft Gesetzes verlangt für den Abschluss von Grundstückskaufverträgen und die Auflassung. Von den Kreditgebern und Gläubigern wird regelmäßig auch die notarielle Beurkundung bei der Bestellung von Grundschulden und Hypotheken gefordert.

Notargebühren
Kosten für die notarielle Beurkundung des Grundstückskaufs sowie die Bestellung von Grundschulden. Die Kosten zahlt der Käufer und Darlehensnehmer. Sie betragen inklusive Grundbuchkosten zirka 1 Prozent des Kaufpreises für den Kauf und die Eigentumsumschreibung bzw. 0,5 Prozent der Darlehenssumme für die Grundschuldbestellung.

Pfandtausch
Übertragung einer noch bestehenden Grundschuld bei einer verkauften Immobilie auf eine andere eigene Immobilie, also nur Tausch des Grundpfandrechts gegen Zahlung einer geringen Pfandaustauschgebühr bei der Bank.

Photovoltaikanlage
Beim Verkauf einer Immobilie zahlt der Käufer keine Grunderwerbsteuer auf die zugleich miterworbene Photovoltaikanlage, sofern diese keinen eigenen Strom für die Immobilie erzeugt, sondern in fremde Stromnetze einspeist. Der Käufer erzielt wie der Verkäufer Einkünfte aus Gewerbebetrieb aus der gewerblich betriebenen Photovoltaikanlage.

Private Vermögensverwaltung
Besitz und Bewirtschaftung von Eigenheim und Mietobjekten zählen unabhängig von der Anzahl der Immobilien noch zur privaten Vermögensverwaltung, sofern nicht mehr als drei Objekte innerhalb von fünf Jahren verkauft werden. Sofern die Drei-Objekt-Grenze überschritten wird, liegt ein gewerblicher Grundstückshandel vor.

Protokolle der Eigentümerversammlungen
Niederschriften des Hausverwalters über den Verlauf von Eigentümerversammlungen. In den Niederschriften bzw. Protokollen, die den Eigentümern spätestens bis eine Woche vor Ablauf der monatlichen Anfechtungsfrist vorliegen müssen, werden vor allem die Beschlüsse festgehalten.

Qualifizierter Alleinauftrag
Alleinauftrag an einen Makler mit der Zusatzklausel, dass auch der Verkauf an einen nicht über den Makler vermittelten Käufer die Zahlung der Maklerprovision auslöst.

Ratenverkauf
Verkauf einer Immobilie zu einem Kaufpreis, der ganz oder teilweise in Raten vom Käufer bezahlt wird. Die Höhe der Raten

hängt von der Laufzeit und dem gewählten Zinssatz ab. Der Verkäufer sollte auf jeden Fall eine Sicherungshypothek zu seinen Gunsten in der Dritten Abteilung des Grundbuchs eintragen lassen.

Reallast

Dingliche Belastung eines Grundstücks in der Zweiten Abteilung des Grundbuchs zugunsten eines Dritten (z.B. Nießbrauchsrecht, Wohnungsrecht, lebenslange Rente).

Rentenbarwert

Gegenwartswert aller künftig zu zahlenden Leibrenten, auch als Kapitalwert der Leibrente bezeichnet. Der Rentenbarwert hängt von der Höhe der vereinbarten Leibrente ab, die sich wiederum nach dem Verkehrswert der Immobilie, dem Alter und Geschlecht des Rentenberechtigten, seiner fernen Lebenserwartung und dem gewählten Zinssatz richtet.

Reservierungsvereinbarung

Schriftliche Vereinbarung zwischen Verkäufer und Kaufinteressent, die Immobilie bis zum Abschluss des notariellen Kaufvertrags zu reservieren. In der Regel zahlt der Kaufinteressent eine geringe Reservierungsgebühr, die der Verkäufer nach notarieller Beurkundung des Kaufvertrags an den Käufer zurückzahlt.

Rückübertragung

Übertragung der per notariellem Kaufvertrag verkauften Immobilie zurück an den Verkäufer, sofern der Kaufvertrag zum Beispiel wegen Nichtzahlung des Kaufpreises rückabgewickelt werden muss.

Sachwert

Wert, der Grundstücken und Gebäuden in Anlehnung an die Anschaffungs- oder Herstellungskosten im Rahmen der Bewertung zugemessen wird. Als Substanzwert umfasst der Sachwert den Bodenwert und den Bauwert. Das Sachwertverfahren wird vor allem bei der Bewertung von selbst genutzten Immobilien angewandt.

Schuldnerverzeichnis

Verzeichnis von Schuldnern mit Ablegung der eidesstattlichen Versicherung. Das Schuldverzeichnis wird bei Gericht geführt und kann dort eingesehen werden.

Sondereigentum

Alleineigentum an der Wohnung oder an nicht zu Wohnzwecken dienenden Räumen, das fest mit dem Miteigentumsanteil am Gemeinschaftseigentum verbunden ist. Über sein Sondereigentum kann der Wohnungseigentümer grundsätzlich allein verfügen, es also selbst nutzen oder vermieten. Lediglich beim Verkauf benötigt er die Zustimmung des Hausverwalters, die aber nur im Ausnahmefall verweigert werden kann.

Sondernutzungsrecht

Recht eines Wohnungseigentümers, Teile des Gemeinschaftseigentums (z. B. Terrasse oder Gartenflächen bei Erdgeschosswohnungen, Tiefgaragen-Stellplatz) allein und ausschließlich zu nutzen. Sondernutzungsrechte werden üblicherweise in der Teilungserklärung geregelt.

Steuervergütung/-bescheinigung

Bescheinigung für Lohnanteile in Rechnungen für Handwerkerleistungen und haushaltsnahe Dienstleistungen, die zu einer Steuervergütung in Höhe von 20 Prozent der Lohnkosten führen. Bei vermieteten Wohnimmobilien können auch Mieter 20 Prozent der in Hausmeister-, Hausreinigungs- und Gartenpflegearbeiten enthaltenen Lohnkosten steuerlich direkt von ihrer Lohn- bzw. Einkommensteuer absetzen, maximal aber 1200 Euro pro Jahr.

Teileigentum

Alleineigentum an Räumen, die nicht zu Wohnzwecken dienen (z. B. Ladengeschäft, Büroräume). Das Teileigentum gehört wie das Wohnungseigentum zum Sondereigentum.

Teilungserklärung

Notariell beglaubigte Erklärung des Alleineigentümers über die Teilung eines Grundstücks. In der Teilungserklärung, die als Anlagen neben dem Aufteilungsplan und der Abgeschlossenheitsbescheinigung meist auch die Gemeinschaftsordnung enthält, wird die Höhe der jeweiligen Miteigentumsanteile festgelegt.

Teilungsversteigerung

Zwangsversteigerung zum Zweck der Aufhebung einer Grundstücksgemeinschaft auf Antrag eines Miteigentümers (z. B. Ehegatte oder Miterbe) beim Amtsgericht.

Unbedenklichkeitsbescheinigung

Bescheinigung des zuständigen Finanzamts, dass der Eintragung in das Grundbuch keine steuerlichen Bedenken entgegenstehen. Die Bescheinigung wird erteilt, wenn die fällige Grunderwerbsteuer bezahlt worden ist.

Veräußerungserlös

Erlös aus der Veräußerung einer Immobilie, also Verkaufspreis abzüglich Verkaufsnebenkosten (z. B. Kosten für Annoncen, Maklerprovision).

Veräußerungsgewinn

Veräußerungserlös minus Anschaffungskosten. Falls der Verkauf nach einer Haltedauer bis zu zehn Jahren erfolgt, werden zu diesem Veräußerungsgewinn noch die Abschreibungen hinzugezählt. Steuerpflichtig ist hier der Veräußerungserlös minus dem Buchwert (Anschaffungskosten abzüglich Abschreibungen).

Veräußerungsrente
Leibrente beim Verkauf einer Immobilie, wobei die vereinbarte Rente nach kaufmännischen Grundsätzen abgewogen und sich nicht nach persönlichen Bedürfnissen des rentenberechtigten Verkäufers oder des rentenverpflichteten Käufers richtet.

Vergleichswert
Wert eines Grundstücks, der aufgrund von Vergleichspreisen (z. B. Preise für vergleichbare Grundstücke laut Kaufpreissammlung des örtlichen Gutachterausschusses) ermittelt wird. Es sollen möglichst zeitnahe Kaufdaten und eine ausreichende Anzahl von Grundstücken mit möglichst vergleichbaren Eigenschaften zur Verfügung stehen. Abweichende Merkmale können durch prozentuale Zu- und Abschläge berücksichtigt werden.

Verkauf auf Rentenbasis
Verkauf einer Immobilie gegen Zahlung einer lebenslangen Rente. Der Ertragsanteil der Rente ist beim Verkäufer steuerpflichtig und beim Käufer steuerlich abzugsfähig.

Verkehrswert
Wert einer Immobilie, der im Fall eines freihändigen Verkaufs auf dem Markt derzeit zu erzielen ist. Nach § 194 BauGB wird der Verkehrswert „durch den Preis bestimmt, der in dem Zeitpunkt, auf den sich die Ermittlung bezieht, im gewöhnlichen Geschäftsverkehr nach den rechtlichen Gegebenheiten und tatsächlichen Eigenschaften, der sonstigen Beschaffenheit und der Lage des Grundstücks oder des sonstigen Gegenstands der Wertermittlung ohne Rücksicht auf ungewöhnliche oder persönliche Verhältnisse zu erzielen wäre“.

Vermögensüberschuss
Überschuss des Veräußerungserlöses über die restlichen Hypothekenschulden beim Verkauf einer Immobilie.

Versorgungsrente
Leibrente bei der Übertragung von Immobilien, bei der sich die Höhe der vereinbarten Rente nach der wirtschaftlichen Lage und den Bedürfnissen des Rentenberechtigten richtet.

Vorfälligkeitsentschädigung
Ablösebetrag, die eine Bank verlangt, wenn ein Kreditnehmer ein Festzinsdarlehen vor Ablauf der Zinsbindung zurückzahlen will. Die Bank darf dabei nur den Ausgleich des Schadens verlangen, der ihr durch die vorzeitige Ablösung tatsächlich entsteht.

Vorkaufsrecht
Gesetzliches Vorkaufsrecht der Gemeinde oder spezielles Vorkaufsrecht des Mieters, falls die ehemalige Mietwohnung nach Umwandlung in eine Eigentumswohnung an einen Dritten verkauft werden soll.

Wertermittlung

Ermittlung des Verkehrswerts von Grundstücken und Gebäuden. Dabei sind drei Ermittlungsverfahren üblich: Vergleichswert, Ertragswert (bei vermieteten Immobilien) und Sachwert (bei selbst genutzten Immobilien). Für Beleihungs- und Finanzierungszwecke wird der Beleihungswert ermittelt, der sich zwar nach dem Verkehrswert richtet, in der Praxis aber 10 bis 15 Prozent unter dem Verkehrswert liegt, da die Geldinstitute Risikoabschläge vornehmen.

Wohnflächenberechnung

Anrechenbare Grundfläche einer Wohnung oder eines einzelnen Wohnraums. Die Wohnfläche wird nach der Wohnflächenverordnung ermittelt. Danach werden Balkone, Loggien, Dachgärten und gedeckte Freisitze mit 25 Prozent (nur in Ausnahmefällen bis zu 50 Prozent) ihrer Grundfläche als Wohnfläche angerechnet.

Wohngebäudeversicherung

Gesetzlich vorgeschriebene Versicherung des Wohngebäudes für das Gemeinschaftseigentum bei Schäden durch Brand (daher oft auch als „Feuerversicherung" bezeichnet), Leitungswasser, Blitzschlag, Explosion, Sturm oder Hagel. Schäden am Sondereigentum können vertraglich in die Wohngebäudeversicherung mit einbezogen und damit abgedeckt werden.

Wohnungsbindung

Mietpreis- und Belegungsbindung für öffentlich geförderte Mietwohnungen. Auch nach Rückzahlung der öffentlichen Mittel besteht noch eine Nachwirkungsfrist hinsichtlich der Wohnungsbindung. Erst nach Ablauf dieser Nachwirkungsfrist können die Bestandsmieten unter Beachtung der Kappungsgrenze an die ortsübliche Vergleichsmiete angepasst werden.

Wohnungsgrundbuch

Beim Amtsgericht geführtes Grundbuch, in dem jedes Wohnungseigentum bzw. jede Eigentumswohnung mit dem Miteigentumsanteil am Gemeinschaftseigentum eingetragen wird.

Wohnungsrecht

Recht des früheren Eigentümers, die an einen Dritten übertragene Immobilie ganz oder teilweise lebenslang für eigene Wohnzwecke zu nutzen. Das Wohnungsrecht sollte als dingliches Wohnungsrecht bzw. Reallast auf jeden Fall erstrangig in der Zweiten Abteilung des Grundbuchs eingetragen werden.

Zehnjahresfrist

Veräußerungsgewinne bleiben bei Privatimmobilien grundsätzlich steuerfrei, wenn zwischen Kauf und Verkauf mehr als zehn Jahre vergangen sind. Falls die Zehnjahresfrist beachtet wird, können auch mehrere Immobilien steuerfrei verkauft werden.

Zeitrente

Rente beim Verkauf einer Immobilie, die nur für einen bestimmten festgelegten Zeitraum (zum Beispiel 10 oder 15 Jahre) vom Käufer gezahlt werden muss.

Zubehör

Nicht wesentliche Bestandteile des Gebäudes wie Einbauküche oder andere mitverkaufte bewegliche Gegenstände. Falls der Wert des Zubehörs im notariellen Kaufvertrag genannt wird und unter Berücksichtigung der Abnutzung marktüblichen Preisen entspricht, bleibt dieser Wert grunderwerbsteuerfrei.

Zugewinnausgleich

Ausgleich des während der Ehezeit erzielten gemeinsamen Zugewinns nach Beendigung der Ehe, sofern der gesetzliche Güterstand der Zugewinngemeinschaft gilt. Vermögen (z. B. Immobilien), das die Ex-Ehegatten bereits vor der Eheschließung hatten, bleibt davon unberührt.

Zwangsversteigerung

Wichtigste Form der Zwangsvollstreckung von Immobilien, die in der Regel auf Antrag der Gläubigerbank vom zuständigen Amtsgericht angeordnet und durchgeführt wird. Zuschlagsfähig im Ersttermin sind nur Gebote, die mindestens 50 Prozent des Verkehrswerts betragen. Der Ersteher (Ersteigerer) wird bereits mit Zuschlagserteilung Eigentümer der Immobilie.

Zweite Abteilung des Grundbuchs

Abteilung, in der Reallasten (z. B. Nießbrauchsrecht, Wohnungsrecht) und Grunddienstbarkeiten (z. B. Antennen- und Leitungsrecht, Wegerecht) zu Gunsten von Dritten eingetragen werden.

Stichwortverzeichnis

G

H

I

K

L

M

N

O

P

R

S

2. Auflage

Stiftung Warentest
Lützowplatz 11–13
10785 Berlin
Telefon 0 30/26 31–0
Fax 0 30/26 31–25 25
www.test.de
email@stiftung-warentest.de

USt-IdNr.: DE136725570

Vorstand: Hubertus Primus
Weitere Mitglieder der Geschäftsleitung:
Dr. Holger Brackemann, Daniel Gläser

Programmleitung: Niclas Dewitz

Autor: Werner Siepe
Projektleitung/Lektorat: Uwe Meilahn
Mitarbeit: Karsten Treber, Berlin (1. Aufl.); Merit Niemeitz (2. Aufl.)
Korrektorat: Hartmut Schönfuß, Berlin
Titelentwurf/Titelfoto: Josephine Rank, Berlin; Anne-Katrin Körbi (2. Aufl.)
Layout: Büro Brendel, Berlin
Grafik, Satz: Anne-Katrin Körbi
Bildredaktion: Anne-Katrin Körbi
Bildnachweise:
Fotolia: Martin Debus (S. 19), Horst Schmidt (S. 10), ArTo (S. 19, 101)
Gettyimages: Photo Alto (S. 110), istockphoto (S. 134)
Mauritius-Images: Thomas Robbin (S. 98)
raumwerte, Erkrath: Susanne Humbert (S. 14), Anja Tinter (S. 16), Oliver Edelbruch (S. 17)
Shutterstock: absolut (S. 24), Bildagentur Zoonar GmbH (S. 76, 101)
Thinkstockphoto: Wavebreakmedia Ltd (S. 4), Terroa (S. 27), hanohiki (S. 29), Jacek_Sopotnicki (S. 30), elxeneize (S. 36), stevanovicigor (S. 49 links), Rayes (rechts), monkeybusinessimages (S. 50), Wavebreakmedia Ltd (S. 55), Tero Vesalainen (S. 59), psphotograph (S. 64), lepaliki (S. 72), Monkey Business Images (S. 78), Jupiterimages (S. 81), kzenon (S. 85), demaerre (S. 87), shironosov (S. 93), AndreyKrav (S. 95 links) Terroa (rechts), FamVeld (S. 106), IPGGutenbergUKLtd (S. 108), Ryan McVay (S. 110), roibu (S. 117), Vivian Seefeld (S. 121 links), Stefanie White (rechts), filmfoto (S. 123), seewhatmitchsee (S. 127), Alexander Raths (S. 130), Ryan McVay (S. 138), Martinan (S. 145), gpointstudio (S. 149, 150)
Yourphototoday: Bernd Ducke (S. 36)
Musterexposé S. 47: Immo-Modul, Köln
Infografiken/Diagramme:
Mario Mensch, Hamburg (S. 52/53)
René Reichelt (S. 21)

Produktion: Vera Göring
Verlagsherstellung: Rita Brosius (Ltg.), Romy Alig, Susanne Beeh
Litho: tiff.any, Berlin
Druck: Rasch Druckerei und Verlag GmbH & Co. KG, Bramsche

ISBN: 978-3-86851-291-5

Wir haben für dieses Buch 100 % Recyclingpapier und mineralölfreie Druckfarben verwendet. Stiftung Warentest druckt ausschließlich in Deutschland, weil hier hohe Umweltstandards gelten und kurze Transportwege für geringe CO_2-Emissionen sorgen. Auch die Weiterverarbeitung erfolgt ausschließlich in Deutschland.